PÄD 49

Ilse Zielinski

W0196056

LOTTE INGRISCH

SCHMETTERLINGSSCHULE

LOTTE INGRISCH

SCHMETTERLINGSSCHULE

oder

Die Veränderung der Welt im Kopf

EDITION S

Edition S
Verlag der Österreichischen Staatsdruckerei

2. Auflage 1990

Graphische Gestaltung: Multi Art
Umschlaggestaltung: Atelier Schiefer, Wien, nach einer Vorlage von Johann Bruckner
Druck und Bindearbeit: Österreichische Staatsdruckerei
ISBN 3-7046-0057-1

INHALT

LERNEN LEBENSLÄNGLICH

Das Zeitalter der Arbeit geht dramatisch zu Ende. Vollbeschäftigung ist eine Vokabel der Vergangenheit. Jeder von uns wird lernen müssen, einen großen Teil seiner Zeit selbst zu programmieren. Leere Zeit wird zur Depression, und leere Zeit wird zur Aggression. Noch sind wir nicht vorbereitet auf das Paradies!
Rasch verwandelt die Hierarchie von Besitz, Prestige und Konsum sich in eine Hierarchie der Information. Informationen können die Energien von Atomkernen enthalten. Unser einziger Schutz ist die Freundlichkeit, die ziellose Liebe. Ohne diese Freundlichkeit wird eine neue Hierarchie der Macht entstehen, die alle bisherigen an Zwang und Schrecken übertrifft.
Unser Leben verändert sich, wie unsere Welt, radikal. Und noch immer wenden wir unsere alten Strategien an, spielen unsere Rollen in einem Spiel, das längst zu Ende ist, weiter. Aber ein neues Spiel hat begonnen, mit neuen Rollen, und wir müssen sie lernen!
Rollen werden im Elternhaus bestimmt und in den Schulen erlernt. Schulen sind staatliche Prägeanstalten. Die Schüler werden wie Münzen geprägt und mit präzisen Werten entlassen. Die jeweils abgeschlossene Schulbildung bestimmt die Kaufkraft der Münze. Allerdings verstört uns in letzter Zeit eine katastrophal steigende Inflation. Wir fahren fort, die gleichen Münzen zu prägen, und immer mehr. Aber wir brauchen keine neuen alten Münzen! Was wir brauchen, sind andere Prägeanstalten. Anstalten, die Prägung mit der Freiheit der Metamorphose verbinden. Anstalten, die uns mit keiner abgeschlossenen Schulbildung entlassen. Eine abgeschlossene Schulbildung ist schlimm. Schließt sie uns doch mit statistischer Wahrscheinlichkeit ab von weiterer Entwicklung! Darum plädiere ich für eine nach allen Rich-

tungen offene Schulbildung, die Tradition und Revolution zu immer wieder neuen Mustern des Wissens und Verhaltens verbindet. Das Zeitalter schöpferischen Lernens, in dem jeder sich selbst als lebenslänglichen Schüler begreift, hat begonnen.
Nehmen wir also leichten Herzens Abschied von den sterilen, mechanistischen Systemen unserer Schule. Sie haben die Unbegabten nicht glücklich, die Begabten aber sehr unglücklich gemacht.

DIE 10 GEBOTE DER NEUEN SCHULE

1) Man erkennt die Welt nicht, indem man sie auswendig lernt. Gebildet ist, wer ein Lexikon richtig aufschlagen kann.

2) Die Welt ist ein Prozeß! Nichts steht fest, kein Wissen ist endgültig.

3) Die Welt ist eine lebendige Ganzheit. Als solche ist sie mehr als die Summe ihrer Teile. Statt sie künstlich in einzelne Lehrfächer zu kanalisieren, sollte der Schüler lernen, sie als Hierarchie von einander enthaltenden Systemen zu betrachten.

4) Die Lehre vom Leib: der menschliche Leib ist im Leib der Erde enthalten, der Leib der Erde im Leib der Milchstraße, der Leib der Milchstraße im kosmischen Leib, und der kosmische Leib worin? So sollte die Hierarchie des lebendigen Leibes unterrichtet werden, und dazu gehört alles vom Turnunterricht bis zur Astronomie.

5) Zur Kunde und Erkundung des Leibes gehört auch die Heilkunde, und zu dieser die Kenntnis und rechte Anwendung der Heilkräuter, gehört die natürliche Landwirtschaft, gehört das Handwerk, gehört die Geomantie.

6) Zur Leibkunde gehört auch das Entstehen und Vergehen von Formen, gehören Molekularbiologie und Evolution, gehört das Verstehen und Erlernen des Todes.

7) Die Lehre von der Seele: in ihr sind alle Welten und Weltbilder enthalten, alle Religionen, Mythen und Mär-

chen, alle Sprachen, Wissenschaften und Künste. Ohne ideologische Beschränkung sollen sie vor dem Schüler ausgebreitet werden, damit er von dem Reichtum nehme, was er gerade braucht.

8) Die Lehre vom Raum und der Zeit. Konkret sind darin Geographie, Geschichte und Physik enthalten, aber auch die Systemwissenschaften, die Mikro- und Astrophysik, die Kosmologien, Philosophien und die Raum und Zeit transzendierende Mystik.

9) DIE LIEBE! Sie ist das wichtigste, was der Schüler erlernen muß. Die Liebe als Zwischenraum zwischen Menschen und Menschen, Menschen und Tieren, Menschen und Pflanzen, Menschen und Steinen, Menschen und Dingen, Menschen und Sternen. Liebend wird der Schüler sich als lebendigen Teil eines lebendigen und bewußten Universums begreifen, als Person in der Person. Wer nicht liebt — und Liebe ist der Akt der Erkenntnis schlechthin —, soll schonungslos durchfallen, denn alles Wissen, das er ansammelt, ist tot.

10) Die Schule soll uns nicht lehren, zu antworten. Die Schule soll uns lehren, zu *fragen*! Antworten schließen die Welt, Fragen öffnen sie. Nicht von Antwort zu Antwort wachsen wir, sondern von Frage zu Frage. Die Frage ist wichtiger als die Antwort. Nicht, wer alte Antworten gibt, soll die Reifeprüfung bestehen. DIE REIFEPRÜFUNG BESTEHT, WER EINE NEUE FRAGE STELLT!

BEKENNTNISSE EINER SCHLECHTEN SCHÜLERIN

Bin ich Pädagogin? Nein.
Habe ich jemals unterrichtet? Nein.
Habe ich Kinder? Nein.

War Comenius Pädagoge? Nein.
Hat Rousseau jemals unterrichtet? Nein.
Hatte Pestalozzi Kinder? Keine Ahnung.

Was habe ich mit der Schule zu tun?
Ich war eines ihrer unzähligen Opfer.

Warum zerbreche ich mir den Kopf
über die Schulreform?
Aus Mitleid mit allen zukünftigen Schülern.

Was erwarte ich von einer anderen Schule?
Eine andere Welt.

So, nun wissen Sie beinahe alles. „Sie sind“, sagte eine meiner Professorinnen zu mir, „die schlechteste Schülerin seit fünfundzwanzig Jahren an dieser Anstalt.“ Ich war beeindruckt. „Diese Anstalt“ war das Billroth-Gymnasium in Wien. Ich bin insgesamt dreimal sitzengeblieben. Beim dritten Mal war ich bereits mit dem Philosophen Hugo Ingrisch verheiratet, den Sie im nächsten Kapitel kennenlernen werden.
War ich wirklich so dumm? Nein. Mit einem Jahr beherrschte ich das ABC und las mit zehn Jahren Kant.
War ich also nur faul? Nein. Während ich an den Vormittagen dem Schulunterricht vergeblich zu folgen versuchte, saß ich an den Nachmittagen glückselig im Lese-

saal der Nationalbibliothek. Denn mich faszinierten die Wissenschaften, und das tun sie noch immer.
War ich arrogant, verachtete die Professoren? O nein, ich liebte sie leider. In meiner Erinnerung sehe ich das rothaarige Mädchen mit schlurfenden Schritten über den Schulhof gehen, die Augen starr auf den Boden gerichtet, und dazu grinste ich. Aus Schüchternheit, und wohl auch aus Verzweiflung.
Waren alle Schüler so unglücklich wie ich? Nein, das waren sie nicht. Mein erster Mann war es, und auch mein zweiter, der Komponist Gottfried von Einem. Sitzengeblieben sind beide. Später hat der eine mit Auszeichnung das philosophische Rigorosum abgelegt, der andere machte Musikgeschichte.
Was also unterschied uns von den glücklichen, den erfolgreichen Schülern? Waren wir weniger angepaßt, weniger willens und fähig, uns selbst anzupassen? Ohne Zweifel, doch weigere ich mich, eine Schuld darin zu erblicken. Die Anpassung an ein System bedeutet immer einen Verlust an individueller Energie. An ein System höherer Energie kann man sich nämlich nicht anpassen.
Natürlich haben wir das damals noch nicht gewußt. Und so stempelte uns die Schule mit ihren sinnlosen Wettkämpfen des Lernens zu Verlierern. Daß wir psychisch und intellektuell überlebten, verdankt jeder von uns einem oder zwei Professoren, die uns liebevoll akzeptierten, wie wir nun einmal waren, statt uns, wie die übrigen, zu unerwünschten Außenseitern zu machen. In meinem Fall waren die beiden meine Lateinlehrerin Maria Schuschitz und mein Religionslehrer Hans Friedrich. Ich danken ihnen und werde sie mein Leben lang nie vergessen.
Hat die Schule mir also geschadet? Daran besteht überhaupt gar kein Zweifel. Wäre ich wieder ein Kind, ich ginge gewiß nicht mehr hin. Der Sternenhimmel, ein paar Dutzend wirklich guter Bücher und vielleicht eine Flöte — das würde nicht nur genügen, das wäre viel

mehr. Denn da die Schule fast alle Fächer verdorben hat, habe ich vor fast allen einen unüberwindlichen Ekel behalten. Zum Glück waren die wirklich interessanten Dinge alle nicht im Lehrplan enthalten, so daß ich mich noch immer an ihnen erfreuen kann.
Also war der Schaden doch nicht so groß? Nun ja, ich bin ein recht zähes Luder, und meine Wunden sind längst vernarbt. Bis auf eine. Denn ich habe eine große und leidenschaftliche Liebe gehabt, die Psychiatrie. Wenn ich heute ihre humanistischen und transpersonalen Vertreter lese, bekomme ich vor lauter Aufregung Herzklopfen. Denn genau dorthin hätten Neigung und Überzeugung mich ja geführt, und wer weiß, wohin noch? Ich wäre, glaube ich, gut in der Forschung gewesen, und gut in der Praxis. Und vielleicht hätten Freundlichkeit und Phantasie sich so in mir gekreuzt, daß ich das Transhumane entdeckt und aus ihm gewirkt hätte? Vielleicht . . .
Als ich zum dritten Mal sitzenblieb und auch die Nachprüfung — natürlich in Mathematik — nicht bestand, ging ich langsam die Billrothstraße hinunter. Eine Welt war in mir zusammengebrochen, denn ich hatte mit X und Ypsilon gerechnet, zwei mal zwei wären fünf. Auf halbem Weg zur Stadtbahnstation Nußdorferstraße gab es damals eine öffentliche Bedürfnisanstalt, in die ging ich hinein. Denn erstens weint man nicht, und zweitens nicht auf der Straße. Zum Glück waren an diesem Vormittag nur wenige Menschen mit einem Bedürfnis unterwegs. Und so saß ich mit meinen neunzehn Jahren und frisch verheiratet eine Stunde lang, meine letzte Schulstunde, im Gestank der Welt auf der Brille und heulte, heulte, heulte.
Viel später erst, als ich die großen Mathematiker jenseits der Schulweisheit studierte, entdeckte ich, daß zwei mal zwei sehr wohl fünf sein kann!

Zu spät.

Hugo INGRISCH

AUSZÜGE AUS „DIE SCHULZEIT UND IHRE PROBLEME" UND „DAS UNBEGABTE GENIE"

Die Mittelschule ist, wie schon ihr Name, mag dieser auch zu dem der höheren oder allgemein bildenden Schule umgefälscht worden sein, ungewollt erkennen läßt, auf die Mittelmäßigkeit eingestellt. Sie behandelt sowohl die Lehrer als auch die Schüler, deren Begabung über das Durchschnittsmaß hinausragt, gewöhnlich nicht weniger stiefmütterlich als jene kleinen Geister, die hinter diesem zurückbleiben. Je begabter ein junger Mensch ist und je weniger er über eine nur mittelmäßige, völlig unschöpferische, dafür aber gleichmäßig große Begabung für alle reproduktiven, auf Gedächtniswissen beruhenden Tätigkeiten verfügt, desto weniger ist diese Schule geeignet, den Bedürfnissen seines Geistes und Gemütes Rechnung zu tragen. Ein wahres Martyrium bedeutet sie aber für den einseitig begabten Schüler.

Der an der Klagenfurter Universität tätige Erziehungswissenschaftler Erik ADAM schreibt in einem 1979 veröffentlichten, „Die österreichische Reformpädagogik — eine verschüttete Tradition" betitelten Aufsatz:

„Daß die Schulkritik bis heute nichts an ihrer Aktualität verloren hat, geht aus den Affairen um ‚Prügelschulen' oder um progressive Lehrer hervor. — — — Aber auch die 1969 ins Leben gerufene Schulreformkommission tendiert trotz ‚offizieller' Befürwortung reformpädagogischer Grundsätze wieder zur bereits überwunden geglaubten Prüfungsschule mit ihren sich heute wieder mehrenden Symptomen wie Desinteresse der Schüler, Motivationsverlust, Disziplinschwierigkeiten, Aggressivität, Apathie usw. Die Themen Angst und Gewalt in der Schule erscheinen heute bereits wieder auf den Titelseiten der Zeitschriften."

Aus diesen Ausführungen muß man leider entnehmen, daß sich im österreichischen Schulwesen seit 1957 und 1959, in welchen Jahren Helmut BECKER, der Sohn des ehemaligen preußischen Kultusministers gleichen Namens, die im folgenden wiedergegebenen, auf das französische und deutsche Unterrichtswesen bezogenen Sätze niederschrieb, nichts Entscheidendes geändert hat:

„Das französische Bildungswesen erhielt wie das deutsche seine heutige Gestalt in der ersten Hälfte des vorigen Jahrhunderts. — — — Die Schule ist heute weit entfernt davon, ein Modell der Freiheit zu sein. Sie zeigt bürokratische Seiten, die in einem einzigartigen Gegensatz zu ihren Bildungsaufgaben stehen. — — — So ist das Bildungsergebnis dieser Schule allmählich der konformistische, einfallslose, mühelos gleichschaltbare Mensch — — —."

Sehr beachtenswert erscheint auch die folgende, von dem deutschen Gymnasiallehrer Günther DOHMEN an der Mittelschule geübte Kritik:

„Da ist zunächst das Problem der Stoffülle — — —. Die Fülle des Neuen — — — ist in den letzten Jahren so beängstigend angewachsen, daß eine exemplarische Lehre unumgänglich geworden ist, wenn wir nicht unsere Schüler in der Fülle des Wissensstoffes geistig ersticken wollen. — — — Ist es denn wirklich so wichtig, daß unsere Schüler etwa wissen, welche Zeitwörter — — — stark oder schwach sind, oder wie die Heerführer Alexanders des Großen hießen und wie hoch die Berge von Abessinien sind? Hat denn ein solches äußeres Wissen — — — etwas mit wirklicher Bildung zu tun? — — — Oberflächlich angehäuftes Prüfungswissen, das nur für den Augenblick und ohne jeden Bezug zum Inneren des Schülers eingepaukt wird, ergibt nun einmal keine echte menschliche Bildung. — — — Diese Einsichten werden heute theoretisch wohl kaum bestritten, in der Schulpraxis — — — scheitern (aber) die Bestrebungen nach einer exemplarischen Beschränkung des Wissensstoffes an dem Fachegoismus — — — vieler Lehrer — — —."

Das von den Mittelschülern entgegen ihrer Neigung mit einem unverhältnismäßigen Kraft- und Zeitaufwand erarbeitete, zum größten Teil unfruchtbar bleibende „Eintopfwissen" kann von ihnen nur um den Preis einer ihre Gesundheit schädigenden Überlastung erworben werden. Diese ist, worüber sich Ärzte und einsichtige Pädagogen einig sind, so groß, daß die Schüler bei weitem nicht über die Freizeit verfügen, die sie nötig hätten. Das Resultat sind 55—60% nervöse und an allen möglichen gesundheitlichen Schäden leidende Kinder. Auf einer in Wien abgehaltenen Jugendschutztagung wurde in Übereinstimmung mit den Ergebnissen von ärztlichen, an Schülern vorgenommenen Reihenuntersuchungen festgestellt, daß 55% der Mittelschüler an nervösen Störungen leiden und die Kinderselbstmorde immer mehr zunehmen. Auf einem 1969 ebenfalls in Wien stattgefundenen Treffen der österreichischen Schulärzte warnten diese eindringlich vor den gesundheitsschädlichen Folgen der Überforderung der Schüler, die durch eine Arbeitszeit bis zu 70 Stunden pro Woche bewirkt werde.

Der 1932 verstorbene Nobelpreisträger Wilhelm OSTWALD weist auch mit Recht darauf hin, „daß die übliche Dauer der Schulzeit eine viel zu große ist. — — — Das Realgymnasium in Riga", so begründet er diese Feststellung, „welches ich seinerzeit besucht habe, besaß nur fünf Jahresklassen — — — und konnte somit — — — seine Schüler mit fünfzehn oder sechzehn Jahren zur Universität entlassen. — — — Es sind eine ganze Menge Beispiele angeführt worden, wie jung die späteren großen Forscher auf die Hochschule gekommen sind, ohne daß ihnen dies irgendwie geschadet hätte." In unserer Zeit hätten William THOMSON, der geniale Physiker und LEIBNIZ „die Schulbank mindestens bis zum achtzehnten Jahre drücken müssen, d. h. in einem Alter, wo sie sich bereits an die Spitze der Wissenschaft gestellt hatten."

Die so viele Jahre währende Internierung junger bildungsbedürftiger Menschen in dem staatlich sanktionierten, einer durch stoffliche Überladung bewirkten Wissensmast dienenden Käfig der Mittelschule ist umso weniger zu verantworten, als der Schwerpunkt des herkömmlichen Studiums in der gedächtnismäßigen Erwerbung und Reproduktion eines Wissens liegt, das keineswegs ein geeignetes Mittel zur Gewinnung einer Erkenntnis des Erkenntniswerten ist und daher auch keine taugliche Grundlage für eine Höherentwicklung der Persönlichkeit und für die Erlangung eines sich am Prüfstein des Lebens und der künftigen beruflichen Tätigkeit bewährenden kreativen Könnens bildet. Keiner hat wohl diesen nicht nur sterilen, sondern ausgesprochen schädlichen und die Jugend unter Mißachtung ihrer natürlichen Bedürfnisse vergewaltigenden Bildungsbetrieb treffender charakterisiert und schärfer gebrandmarkt als Nietzsche. Von seinen Ausführungen, welche die Entlarvung einer kulturlosen Kultur, die durch eine in Wirklichkeit höchst bildungsfeindliche Einheitsbildung wie in einem unter dem Mangel an Licht und Luft leidenden Glashaus gezüchtet wird, bezwecken, können hier nur die folgenden Sätze wiedergegeben werden:

„Künftigen Menschen, die inzwischen auch gelernt haben, was Kultur ist, — — — wird das so allgemeine Behagen der Deutschen an ihrer ‚Bildung' — — — unglaublich und läppisch vorkommen. — — — Der moderne Mensch — — — schleppt eine ungeheuere Menge von unverdaulichen Wissenssteinen mit sich herum, die dann bei Gelegenheit auch ordentlich im Leibe rumpeln — — —."

Das herrschende, an einer planmäßigen Überzüchtung des Gedächtniswissens leidende Unterrichtssystem ist umso verfehlter, als es hochbegabte und sogar geniale Menschen gibt und immer gegeben hat, die ein ausgesprochen schlechtes und höchst unbedeutende Menschen, die ein sehr gutes Gedächtnis besitzen. Bekannte Beispiele für die ersteren sind MONTAIGNE, ROUSSEAU, der große englische Physiker und Chemiker FARADAY, Charles DARWIN und der dänische Physiker und Nobelpreisträger Niels BOHR.

Die herkömmliche Überzüchtung des Gedächtniswissens war seit eh und je ein Gegenstand der Kritik. Der verdienstvolle Soziobiologe Wilhelm SCHALLMAYER war nur einer von vielen, die diese offenkundige und trotz aller Proteste kaum ausrottbar erscheindende Schwäche unseres Lehr- und Lernbetriebes bekämpften, indem er u. a. sagte:
„Besonders scheinen mir unsere Mittelschulen durch übermäßige Belastung unseres Gedächtnisses auf Kosten der Übung im Denken die Intelligenz mehr zu unterdrücken als ihre Entwicklung zu begünstigen. — — — Jeder Unterricht, der dem Schüler kein Interesse einzuflößen vermag, zu dessen Aufnahme er aber dennoch gezwungen wird, ist als schädlich anzusehen. Ein noch stark in der Entwicklung begriffenes Organ darf nur so weit in Anspruch genommen werden, als es dem jungen Wesen zur eigenen Befriedigung gereicht. Was darüber hinausgeht, beeinträchtigt die günstige Entwicklung dieses Organs."
Schon der noch vor dem Ende des 16. Jahrhunderts verstorbene MONTAIGNE, der die Schulen „wahre Kerker einer gefangenen Jugend" nannte, wußte viel besser als die meisten Erzieher und Lehrer, worauf es bei der Erziehung und beim Unterricht ankommt, wie die folgenden, seinen weltberühmten Essais entnommenen Sätze beweisen:
„Der Zögling soll die Geistesart eines XENOPHON oder eines PLATO in sich aufnehmen, nicht ihre Anweisungen ausendig lernen. — — — Die Bienen naschen von den Blumen da und dort, aber nachher machen sie daraus den Honig, der ganz ihr eigen ist: es ist nicht mehr Thymian noch Majoran: so soll er (der Zögling) die von andern entlehnten Bruchstücke verwandeln und verschmelzen, um daraus ein ganz ihm eigenes Werk zu schaffen: nämlich sein eigenes Urteil."
Ähnlich dachte John LOCKE, als er in seinen 1693 veröffentlichten „Thoughts concerning Education" schrieb:
„Ihr wundert euch vielleicht, daß ich von Kenntnissen zuletzt rede, zumal wenn ich euch sage, daß ich sie für das unwichtigste Stück halte. — — —"
„Die Erziehung soll nichts in den Zögling hineintragen, sondern alles aus ihm herauslocken, soll ihn leiten, aber nicht meistern, seine Anlagen naturgemäß entwickeln, seine Selbsttätigkeit wecken, nicht ihn zur Gelehrsamkeit abrichten." (R. Falckenberg).
Sehr stark unter dem Einfluß dieses großen englischen Denkers stand ROUSSEAU, wie vor allem der „Emile", sein bahnbrechendes pädagogisches Hauptwerk, unschwer erkennen läßt. Seine in diesem entwickelten Anschauungen sind denen moderner Reformer — man denke nur an das Prinzip der antiautoritären Erziehung und des exemplarischen Lernens an Stelle eines enzyklopädischen Wissenserwerbes — sehr verwandt. Es ge-

schieht nicht von ungefähr, sondern hat programmatische Bedeutung für ROUSSEAUS Erziehungslehre, wenn die folgenden Sätze die ersten sind, mit denen sein „Emile“ beginnt:
„Tout est bien sortat des mains de l'Auteur des choses, tout dégénère entre les mains de l'homme. — — — il mutile son chien, son cheval, son esclave: il bouleverse tout, il défigure tout — — —.“
Wie ROUSSEAU, trat auch sein um 34 Jahre jüngerer Landsmann Johann Heinrich PESTALOZZI (1746—1827) für die Erteilung eines kindgemäßen, die Individualität jedes Schülers weitgehend berücksichtigenden Unterrichts ein, dessen vorprogrammierte Einheitlichkeit er ebenso entschieden ablehnte wie der Verfasser des „Emile“. Er begründete das in seiner bilderreichen Sprache so:
„Wenn die Tiere der Erde Auferziehung nötig hätten, wie unser Geschlecht, so würde man doch den Wolf und das Schaf, den Fuchs und den Hasen nicht in die gleiche Schule schicken; — — — wir würden das Tigerfutter nicht dem Elefanten und das Elefantenfutter nicht dem Tiger vorlegen; wir würden die Spatzen nicht mit Ameiseneiern und die Nachtigall nicht mit dem Korn des Feldes, das Spatzenspeise ist, nähren wollen. Aber die Auferziehung des Menschen ist gar oft so ein Mischmasch von Spatzenspeise und Ameiseneiern, von reinem Elefantenfutter und von Äsern, welche nur Raubtiere fressen.“

PESTALOZZI setzte das von ihm entwickelte Lehrsystem, das auf dieser seiner Auffassung beruhte, in die Praxis um, indem er Unterrichtsgemeinschaften bildete, in welchen es keine bestimmte Klasseneinteilung, dafür aber fünf bis sechs Gruppen von Kindern gab, welche sich nach jeder Stunde auflösten und gemäß ihren verschiedenen geistigen Fähigkeiten und Interessen anders bildeten. Auf diese Weise wurde er zusammen mit dem schon 1663 geborenen und zu seiner Zeit hochberühmten August Hermann FRANCKE, dessen „Fachsystem“ jedem Schüler ebenfalls die Möglichkeit bot, entsprechend seinen Fähigkeiten und Kenntnissen in den einzelnen Fächern die von ihm besuchten Klassen jeweils zu wechseln, zum Vorläufer der heute so heiß umstrittenen „Gesamtschule“ mit ihren differenzierten Leistungsklassen.
Wenn die von ROUSSEAU und PESTALOZZI entwickelte Lehrmeinung, mit der sie zum großen Teil nicht nur ihrer, sondern auch unserer Zeit weit vorauseilten, noch immer nicht in dem wünschenswerten Ausmaß zum Tragen gekommen ist, so ist ihr nachhaltiger Einfluß doch unverkennbar. Diesen lassen besonders alle Pädagogen in ihrem Denken und Wirken erkennen, die gleich ihnen die Einsicht in die Notwendigkeit einer tiefgreifenden Umgestaltung des bestehenden Erziehungs- und Unterrichtssystems

gewonnen haben. Dieses erlitt leider u. a. insofern einen Rückschritt seit der pädagogischen Wirksamkeit von FRANCKE und PESTALOZZI, als die von ihnen geschaffenen Leistungsklassen, die an vielen deutschen Schulen noch in den ersten Jahrzehnten des vorigen Jahrhunderts bestanden, inzwischen allgemein durch die unterschiedslosen Jahresklassen ersetzt wurde. Gegenüber diesen hatten die „Lectionsklassen", wie sie von FRANCKES Urenkel August Hermann NIEMEYER genannt wurden, den Vorteil, daß sie eine Rücksichtnahme auf die unterschiedliche Leistungsfähigkeit der Schüler und eine Förderung einseitiger Begabungen erlaubten.

Wenn aber auch das Schulwesen leider bis zum heutigen Tag keine befriedigende Institutionalisierung erfuhr, so war die Pädagogik durch die von ROUSSEAU und PESTALOZZI entwickelten Ideen doch in Fluß geraten und hörte nicht mehr auf, in lebendiger Bewegung zu bleiben. Daher fehlte es fortan niemals an einer scharfen Kritik des herrschenden Unterrichtssystems und an Reformideen zur Beseitigung seiner Mängel. Ideen dieser Art wurden u. a. von Wilhelm von HUMBOLDT entwickelt, dem ihre Verwirklichung aber in erster Linie infolge seiner nur kurzen, von 1809—1810 währenden Tätigkeit als Leiter des preußischen Bildungswesens nicht vergönnt war. Das war umso bedauerlicher, als er, der selbst fern von jedem schulischen Zwang von Hauslehrern unterrichtet worden war, sich zu einer freien Individualitätsbildung bekannte und deshalb auch verlangte, „daß die Klassenabteilung nicht durchweg, sondern nach den Hauptzweigen der Erkenntnis gehe, und die Lehrer erlauben und begünstigen, daß der Schüler, wie ihn seine Individualität treibt, sich des einen hauptsächlich, des andern minder befleißige — —. Eine Verschiedenheit", so meinte er, „der intellektuellen Richtung auf Sprachstudien, Mathematik und Erfahrungskenntnisse ist einmal unleugbar vorhanden."
Die von HUMBOLDT dem Schüler eingeräumte Freiheit wurde ihm, obgleich sie ohnehin nur sehr begrenzt war, durch die 1812 erfolgte Neuregelung des Abiturientenexamens wieder entzogen. Völlig zerstört wurden in der Folgezeit die von ihm dem preußischen Schulwesen vermittelten Keime einer neuen Bildungsidee durch Johannes Schulze (1786—1869), der als Sachbearbeiter des Gymnasial- und Hochschulunterrichtes im Sinne der enzyklopädischen Bildungsidee HEGELS eine neue Studienordnung schuf, deren Grundzüge bisher keine wesentliche Änderung erfahren haben: Er brachte „das gleichförmige, dem einzelnen Schüler keinen Raum mehr für eine Vertiefung in das eine oder andere Gebiet lassende Prinzip zur Geltung, das in jedem Unterrichtsfach von den Schülern einer Klasse, ohne Rücksicht auf ihre individuelle Neigungen und Begabungen, die glei-

chen Leistungen verlangte. Bei diesem Prinzip gab es keine Wahlfreiheit und damit keine individuell gestaltete Bildung mehr."

Indem der reaktionäre SCHULZE auf diese Weise die Rolle eines advocatus diaboli spielte, erwies er sich seines alten Lehrers Friedrich August WOLF (1759–1824) wenig würdig, der in seinem Gutachten über das i. J. 1812 angeordnete Abiturientenexamen kritisierte, daß es die Individualität des Schülers nicht genügend berücksichtige und diesen überfordere:

„Ich bin", so erklärte er, „überzeugt, daß in einer Korporation der gelehrtesten Leute äußerst wenige sind, die nach eben diesem Maßstab das prachtvolle ‚Unbedingt tüchtig' (gemeint ist damit die Note 1) noch im 40sten Jahre verdienen würden. — — — Ich meines Orts scheide für Mathematik — — — zuerst davon aus. — — —Nichts ist auch bekannter als daß, wo ein historischer Kopf steht, nur selten zugleich ein mathematischer ist, und zwar nach dem Gebot der Natur. Erzwänge man aber in den Schulen einigermaßen eine solche gleicheifrige Beschäftigung mit jeder Art von Kenntnissen, so würde man bald alle Gelehrten zu einer gemeinen Mittelmäßigkeit stimmen. Davor sey Gott!"

Das Abitur, das schon in seiner Geburtsstunde sehr umstritten war, hat seitdem niemals aufgehört, fortschrittlichen Pädagogen und einer ihnen geistesverwandten Elite von Kulturträgern ein Dorn im Auge zu sein. Zu dieser gehörte der schon erwähnte Nobelpreisträger OSTWALD, der schon vor mehr als einem Jahrhundert die Abschaffung der Reifeprüfung verlangte, da die Schule Mittel haben müsse, „während einer solch langen Arbeitszeit an ihren Schülern darüber ins klare zu kommen, ob sie sie ins Leben hinausschicken kann oder nicht, ohne an ihnen noch diese peinliche und lebensgefährliche Zwischenoperation zu vollziehen."

Die ganze Absurdität dieses untauglichen Prüfungssystems erhellt in der Tat schon daraus, daß dieselbe Leistung eines Schülers, die dieser z. B. in Form eines Aufsatzes oder der Lösung mathematischer Aufgaben vollbringt, von verschiedenen Lehrern ganz verschieden beurteilt und bewertet wird. So wurde ein bei einer Reifeprüfung von einem Kandidaten verfaßter Aufsatz von 42 Lehrern — — — mit Noten versehen, die von „Sehr gut" bis zum „Nichtgenügend" reichten. Eine derartige unterschiedliche Beurteilung derselben Schülerleistung durch verschiedene Lehrer wurde sowohl von mehreren bedeutenden Pädagogen wie BOBERTAG, DÖRING und LIETZMANN als auch erst 1973 von dem Innsbrucker Universitätsprofessor für Erziehungswissenschaften Rudolf WEISS nachgewiesen.

Auch Johann Friedrich HERBART (1776–1841), der die Pädagogik zumindest in ihrer Theorie seit der zweiten Hälfte des 19. Jahrhunderts nachhaltig beeinflußte, wendete sich gegen die immer mehr einreißende Unsitte,

aus den höheren Schulen mittels eines mechanisierten Examinierbetriebes wahre Notenfabriken zu machen. „Doch soviel zeigt“, sagt er, „einem jeden leicht die allgemeine Erfahrung, daß ein Examen nur für einen Tag gilt, an dem es angestellt wurde, und alles zu diesem Behuf Gelernte schon am folgenden Tag beginnt, sich wieder zu verabschieden.“ HERBART wandte sich auch sehr scharf gegen die Einheitsschule, indem er die Verschiedenheit der Köpfe als das große Hindernis bezeichnete. „Hierauf nicht zu achten“, so erklärte er, „ist der Grundfehler aller Schulgesetze — — —.“
Noch viel schärfer verurteilte der berühmte Historiker Heinrich von TREITSCHKE (1834—1896) den den Lehrern der Mittelschule indirekt auferlegten Zwang — — — zur Dressur:

Man belastete „den Lehrplan mit immer neuen Fächern, und — — — fügte — — — jeder Vermehrung des Unterrichtsstoffes die Weisung hinzu, die Leistungen in den bisherigen Lehrfächern dürften dadurch nicht verringert werden. Also hat sich nach und nach der widrige Zustand gebildet, daß Lehrercollegien — — — an das allseitige Wissen ihrer Schüler Anforderungen stellen, denen jeder einzelne Lehrer selbst nicht genügen könnte.“
Nicht anders dachte GOETHE, der das seit der unseligen „Unterrichtsreform“ zur Herrschaft gelangte Bestreben, die Schule zu einer der Vermittlung sogenannter „allgemeiner Bildung“ dienenden Zwangsanstalt zu machen, gleichfalls ablehnte:
„Narrenpossen sind euere allgemeine Bildung und alle Anstalten dazu. Daß ein Mensch etwas ganz entschieden verstehe, vorzüglich leiste, — — — darauf kommt es an. — — — Eines recht wissen und ausüben gibt höhere Bildung als Halbheit im Hundertfältigen. — — — Treffliche Männer leben in einer Art von Verzweiflung, daß sie dasjenige, was sie — — — lehren — — — müssen, für unnütz und schädlich halten.“
Alle diese schulischen Probleme, welche sich im Laufe einer Zeit, die ihnen ungeachtet einzelner schöpferischer Persönlichkeiten nicht gewachsen war, entluden sich gleich einer Sturzflut in den zwanziger Jahren des vorigen Jahrhunderts:
„Neue pädagogische Lehren“, so beschreibt Otto Friedrich BOLLNOW diese Blütezeit eines progressiven Bildungsdenkens, „traten in Fülle hervor und beflügelten die Praxis. Wer von hier aus“, so fügte er hinzu, „die Jahre nach 1945 und unsere eigene Gegenwart ins Auge faßt, dem kommt mit Schrecken zu Bewußtsein, — — — wie wenig im Denken unserer Tage von einem ähnlichen Enthusiasmus zu spüren ist. Eine allgemeine Müdigkeit hat vielmehr das erzieherische Denken in Deutschland befallen, und träge nur — — — schleppt sich die Pädagogik unserer Tage dahin.“

Aber noch ehe das 19. Jahrhundert zu Ende gegangen war, hatte schon der berühmte Orientalist und Philosoph Paul Anton de LAGARDE (1827–1891) unsere Erziehung „die volle Barbarei unserer Museen" genannt und mit einem ahnungsvollen Spürsinn die unsere Kultur bedrohende Gefahr erkannt, welche, wie er sagte, in der „aufs Einexerzieren von Massen" und der auf Züchtung von Mittelmäßigkeit gerichteten Tendenz des Staates lauert. Um ihrer Herr zu werden, gäbe es nur ein Mittel: „Wir müssen aufhören, dem Phantom einer allgemeinen, — — — alles Wissenswerte umfassenden und in jedem gleichmäßig vorhandenen Bildung nachzulaufen — — —."
Ebenso kämpfte schon bald nach der letzten Jahrhundertwende Alfred LICHTWARK (1852–1914) gegen die gleichmacherische Vergewaltigung und Überbürdung des Schülers mit einem zum Selbstzweck gewordenen Stoff an, von dem die Schule ausgeht und an dem sie kleben bleibt.

Der bedeutendste unter den deutschen Schulreformern unseres Jahrhunderts und der tatkräftigste Streiter im Kampf gegen die alte Schule sowie der gedankenreichste Wegbereiter einer neuen war zweifellos Georg KERSCHENSTEINER (1854–1932). Er war der Bahnbrecher des Gedankens der Arbeitsschule, in der zum Unterschied von der „Lernschule" der produktiven Eigentätigkeit des Schülers ein maßgebender Vorrang gegenüber seiner reproduktiven Lerntätigkeit eingeräumt werden soll. Er trat dafür ein, daß insbesondere die höheren Schulen aufhören, die individuell verschiedenen Bedürfnisse ihrer Schüler dem Idol einer für sie gar nicht erreichbaren Allgemeinbildung zu opfern. Und er wurde nicht müde, den „Eintopf" des unfruchtbaren Enzyklopädismus der „Mops-Pudel-Dachs-Pinscher-Schule" mit ihren einen „Fleckerlteppich" bildenden Lehrpläne anzugreifen, die aus dem gequälten Schüler nur ein „vielköpfiges Bildungsungeheuer" machen.
KERSCHENSTEINER war für seine Reformideen John DEWEY (1859–1952), dessen Lehre in einen philosophischen Pragmatismus und individualistischen Perfektionismus gipfelte, stark verpflichtet, der wohl mit Recht als der bedeutendste amerikanische Pädagoge gilt. Seinem Einfluß vor allem verdankt das amerikanische Unterrichtswesen und zwar besonders die High-School, welche die Stelle unserer Mittelschule einnimmt, seine heutige Gestalt. Zum Unterschied von dieser kennt sie kein Jahresklassensystem, sondern nur Fachklassen und Kurse mit weitgehender Freiheit des Schülers bei der Fächerwahl. Es ist auch üblich, den Schülern die Möglichkeit zu bieten, an der Gestaltung des Stoff- und Studienplans mitzuwirden, sodaß die Autorität von ihnen nicht als von außen gesetzt emp-

funden zu werden braucht, sondern weitgehend durch ihr autonomes Mitbestimmungsrecht gemildert erscheint:
„Ein Trank schmeckt am besten, wenn einen dürstet", sagen die amerikanischen Schulfachleute, „und etwas lernen kann man am besten, wenn man innerlich daran Anteil nimmt. Die weitgehend freie Fächerwahl ermöglich es dem Schüler, solche Fächer zu wählen, an denen er innerlich beteiligt ist und zu denen er sich hingezogen fühlt. Der einzelne Mensch soll im Zentrum des Bildungsbemühens stehen, nicht ein Fach, nicht ein System, nicht ein Lehrer. — — — Nicht Wissen ist Macht, sondern Können ist Macht."

Die geistige Handschrift DEWEYs zeigt auch der sogenannte, von der amerikanischen Lehrerin Helen PARKHURST geschaffene DALTON-Plan, der vor allem in Amerika und Großbritannien, aber auch in anderen Ländern eine Verwirklichung erfuhr. Dieses individualisierende Unterrichtssystem gewährt dem Schüler die Wahl der Gegenstände und der verschiedenen Facharbeitsräume, in denen er in beliebiger Reihenfolge die ihm im Rahmen der von ihm gewählten Fächer gestellten konkreten Aufgaben erfüllen kann. Die Funktion des Lehrers beschränkt sich im wesentlichen auf die Beratung des Schülers und eine laufende Kontrolle seiner Arbeitsergebnisse.
In den USA gibt es auch Colleges, in denen der Student seinen Studienplan weitgehend selbst entwickeln und nach eigenem Gutdünken ausführen kann. Es steht ihm frei, Kurse zu besuchen oder stattdessen seine Studien selbständig zu betreiben.
Zum Unterschied von diesen und anderen in den anglikanischen Ländern im Unterrichtswesen erzielten Fortschritte hat die Reformpädagogik im deutschen Sprachraum zwar in der Theorie tiefe Spuren hinterlassen, in der Praxis aber kaum eine wesentliche Änderung herbeigeführt. Wenn man fragt, welches sichtbare Ergebnis der von den Reformpädagogen so leidenschaftlich geführte Kampf gegen die Autoritäts-, Stoff- und Lernschule im deutschen Kulturbereich gezeitigt hat, so erhält man von dem prominenten Pädagogen Theodor WILHELM eine geradezu erschütternde Antwort:
Man hat die alte Lernschule bekämpft, ist jedoch nicht in der Lage gewesen, der Schule „ein neues Gesicht zu geben. Der Protest gegen Intellektualisierung und Vermessung blieb ein ‚rein menschlicher' — — —. So wiederholt sich seit den Zwanzigerjahren das Schauspiel, daß überzeugte Erneuerer der Schule gezwungen sind, stets wieder von vorn anzufangen." (1960)

Wie wenig eine nur in die Breite gehende Umgruppierung des höheren Schulwesens und bloß verbal bleibende Verordnungen und Denkschriften

geeignet sind, einen zum Tragen kommenden Wandel herbeizuführen, das mußte man in Deutschland in den Jahren, die der 1924 vorgenommenen Neuordnung dieses Schulwesens folgten, erkennen. In der anläßlich dieser Neugestaltung veröffentlichten Denkschrift des preußischen Unterrichtsministeriums hieß es, dieses hege die Überzeugung, durch die neue Aufgliederung des höheren Schulwesens in Gymnasium, Realgymnasium, Oberrealschulen, Deutsche Oberschulen und Aufbauschulen imstande zu sein, „das Hauptübel unseres Schulwesens an der Wurzel zu fassen: die quantitative Überbürdung unserer Schüler. Man brauche ja nur den Stunden- und Arbeitsplan einer unserer höheren Klassen kritisch zu durchmustern, um zu der Einsicht zu kommen, daß dem jugendlichen Geist hier Unmögliches zugemutet wird. Der Hauptkampf der Schulreformer habe mit Recht immer dem von SCHULZE dem preußischen Bildungswesen aufgezwungenen Ideal einer allseitigen Bildung — — — gegolten."
Diese späte amtliche Einsicht und die nur vordergründige Reform des höheren Schulwesens hat dieses aber leider ebenso wenig spürbar verändert wie das in Österreich durch das 1962 geschaffene Schulorganisationsgesetz geschah. Dieses sieht als Allgemeinbildende höhere Schulen außer den musisch-pädagogischen Realgymnasien, Aufbaugymnasien und Aufbaurealgymnasien das Gymnasium, das Realgymnasium und das Wirtschaftskundliche Gymnasium für Mädchen sowie für die Oberstufe das humanistische, das neusprachliche, das realistische Gymnasium und schließlich noch das naturwissenschaftliche und das mathematische Realgymnasium vor.
Wie wenig sich Gutachten und Beschlüsse von maßgebendsten Stellen, mögen diese auch noch so kompetent sein, in der Praxis als wirksam erweisen, wenn nicht ausführende Organe eine geistige Bereitschaft zu ihrer Respektierung zeigen, das bewies die Wirkungslosigkeit der vielberufenen und kaum beherzigten Tübinger Tagung. Diese wurde 1951 von Vertretern der höheren Schulen einschließlich der Hochschulen und der für diese zuständigen Ministerien veranstaltet. In der von den Repräsentanten des deutschen Erziehungs- und Unterrichtswesens gefaßten Resolution wurde festgestellt, daß die mißverstandene Forderung einer Leistungssteigerung der Schule das geistige Leben und die echte Bildung des Schülers zu erstikken drohe. Diese Gefahr könne nur, so wurde erklärt, durch die Einführung des exemplarischen Lehrers, durch welches „ursprüngliche Phänomene der geistigen Welt — — — am Beispiel eines einzelnen, vom Schüler wirklich erfaßten Gegenstandes sichtbar werden" und durch die Errichtung von Versuchsschulen gebannt werden. Diese müßten das Recht haben, sich nach eigenem Ermessen einen Lehrkörper zu schaffen, ihren Lehrplan

selbständig zu bestimmen und die Reifeprüfung auf wenige grundlegende Gegenstände zu beschränken. Vor allem müsse aber an allen höheren Schulen die Vielwisserei durch Anhäufung bloßen Stoffes ausgemerzt und verhindert werden, daß unsere Abiturienten von immer mehr Gegenständen immer weniger und schließlich von allen gar nichts wissen.

Wenn Wilhelm FLITNER, einer der Begründer der modernen Pädagogik, feststellte, daß seit der Tübinger Konferenz seitens der Schulverwaltungen zur Abstellung der Schulübel nicht im entferntesten das geschehen sei, was man damals für dringlich und notwendig erklärt hatte und daß das Schulwesen das alte geblieben sei und höchstens an Qualität verloren habe, so gilt dieses Urteil auch leider noch heute. Der berühmte Schweizer Psychologe Jean PIAGET schreibt in seinem 1974 als Taschenbuch erschienenen Werk „Theorien und Methoden der modernen Erziehung":

„Man erschrickt angesichts des krassen — heute ebenso wie 1935 bestehenden — Mißverhältnisses zwischen dem gewaltigen Umfang der unternommenen Bemühungen und dem Fehlen jeglicher grundlegender Erneuerung der Methoden, der Programme, der Problemstellungen — — — der Pädagogik."

Die Zahl der hierfür verantwortlichen Ursachen, von denen ich hier nur einige wenige anführen kann, ist groß. Eine davon nannte schon Nietzsche: „— — — Die Schwierigkeit liegt für die Menschen darin, umzulernen und ein neues Ziel sich zu stecken; und es wird unsägliche Mühe kosten, die Grundgedanken unseres jetzigen Erziehungswesens, — — — dem eigentlich der mittelalterliche Gelehrte als Ziel der vollendeten Bildung vorschwebt, mit einem neuen Grundgedanken zu vertauschen."

Diesen können sich, wie er meint, diejenigen, in deren Händen in erster Linie die Entscheidungen über die Aufrechterhaltung des bestehenden Systems liegt, umso schwerer zu eigen machen, als sie selbst ein Erzeugnis desselben sind.

Und der bereits genannte Günther DOHMEN ist der Ansicht, daß „die Bestrebungen nach einer exemplarischen Beschränkung des Wissensstoffes zwar am Fachegoismus und der menschlichen Schwäche vieler Lehrer scheitern, die aber ihrerseits, sofern sie nicht der Mittelmäßigkeit verfallen sind, nicht viel weniger unter den Mängeln des bestehenden Systems leiden als die ihnen geistesverwandten Schüler."

Diese sind besonders gefährdet, wenn sie zu den einseitigen Begabungen gehören, die vom Talent bis zum Genie reichen können. An ihnen und ihrem häufigen Versagen in der Schule erweist sich deren Unfähigkeit zur Ermittlung und Förderung der produktiven Begabung ebenso wie zu einer angemessenen Beurteilung jener nur zur reproduktiven Tätigkeit fähigen

Vorzugsschüler, die nach dem Verlassen der Schule in keinem Bereich des Lebens die guten Noten erhalten, mit denen sie ihre Lehrer gemäß den schulischen Kriterien auszeichneten. Die Zahl der zwar nur einseitig, dafür aber umso kreativer begabten jungen Menschen, die in der Schule durch den auf sie ausgeübten Zwang und Verkennungsdruck schweren geistigen, seelischen und körperlichen Schaden erlitten und zweifellos auch noch immer erleiden, war zu allen Zeiten Legion.

Wilhelm OSTWALD, der zu jenen eigenständigen Denkern gehörte, die nicht bereit waren, das billige Vorurteil von der Fähigkeit des Genies, unter allen Umständen auch in den widrigsten Verhältnissen großartige Leistungen zu vollbringen, als richtig anzuerkennen, ging so weit, der Schule die Hauptschuld daran zu geben, daß es so vielen geborenen Genies nicht vergönnt ist, zu werden, was sie von Natur aus sind:

Das Material für die großen Männer, so erklärt er, ist immer vorhanden, wird aber zum größten Teil in der Schule vernichtet. — „Nur jene wenigen, deren Willensenergie die Beeinflussung in der Schule nicht duldet, die sich durchkämpfen, werden (jene) geistige(n) Führer. Solche aber, die sich haben abhobeln lassen, haben dabei die Knospen künftiger Leistungen eingebüßt, welche sich entwickelt hätten, wenn sie nicht zerstört worden wären. — — — Die geschichtliche Untersuchung führt uns zu dem Schlusse, daß die Mittelschule eine Anstalt ist, um den größten Teil der im Volke vorhandenen genialen Begabungen zu vernichten."

„Der Ausspruch, daß PLATON die Mittelschulen und die Universitäten erfunden habe, ist leider nur zu wahr. Ich kenne kein besseres Argument zugunsten einer optimistischen Ansicht von der Menschheit — — — als die Tatsache, daß dieses verheerende Erziehungssystem sie nicht völlig zugrundegerichtet hat."

Eines der vielen Opfer einer durch Elternhaus und Schule erlittenen Verkennung war Charles DARWIN. „Zu meiner tiefsten Kränkung", so berichtet der später zu Weltruhm gelangte Begründer der Evolutionstheorie, „sagte mein Vater einmal zu mir: Du denkst an nichts anderes als an Schießen, Hunde und Rattenfang, und du wirst eine Schande für dich und deine ganze Familie werden. — — — Als ich die Schule verließ", so erzählt er weiter, „wurde ich von allen meinen Lehrern als einganz gewöhnlicher Junge — — — betrachtet, — — — ziemlich unter dem gewöhnlichen Maße an Verstand."

Justus LIEBIG (1803—1873), der geniale Begründer der modernen Chemie, war ein so schlechter Schüler, daß er von seinen Lehrern „Mißliebig" genannt wurde. Er stritt sich angeblich mit seinem Mitschüler Wilhelm

REULING, der später ein bekannter Komponist und Leiter der Wiener Oper wurde, um die Ehre des untersten Platzes in dem von ihnen besuchten Gymnasium. Die Armesünderbank der unbegabten Schüler teilte mit ihnen der spätere große Historiker GERVINUS (1805– 1871), der schon mit 14 Jahren wegen seiner scheinbaren Unfähigkeit die Mittelschule verlassen mußte, und der nachmalige Zoologe KAUP. Ungefähr im gleichen Alter wie GERVINUS wurde auch LIEBIG mit der Begründung, daß er dazu unfähig sei, die weitere Teilnahme am Unterricht verwehrt. Trotzdem wurde er, ohne jemals ein Abiturientenexamen abgelegt zu haben, in Bonn mit 16 Jahren zum Hochschulstudium zugelassen und mit 21 Jahren zum Universitätsprofessor ernannt.

Ähnlich war auch der Werdegang des großen schwedischen Naturforschers Carl von LINNE (1707–1778), der später mit akademischen Ehren überhäuft wurde und dessen botanisches System heute jedes Kind kennt. Von seinen Gymnasiallehrern wurde er aber wegen seiner schlechten Schulleistungen als unfähig zum Studium erklärt und seinem Vater der Rat erteilt, ihn zu einem Handwerker in die Lehre zu geben, was auch prompt geschah.

Der Schulerfolg des genialen Physikers und Arztes Julius Robert MAYER war so ungünstig, daß er zeitweise unter 38 Schülern der von ihm besuchten Lehranstalten mit seinen Leistungen an der 37. Stelle stand. Auch der damalige Junker und spätere deutsche Reichskanzler Fürst Otto von BISMARCK gehörte im Gymnasium zu den schlechtesten Schülern seiner Klasse, unter deren 20 Abiturienten er den 18. Platz einnahm. Die besten Absolventen seines Jahrganges waren Ernst Siegfried KÖPKE, Julius FRIEDLÄNDER und Ernst BEYRICH. Wenn man ihre Namen heute noch kennt, so verdanken sie das kurioserweise ausschließlich dem Umstand, daß sie die in der Mittelschule mit Auszeichnungen überschütteten Mitschüler des einstigen Taugenichts BISMARCK waren. PESTALOZZI war bekanntlich einer der bedeutendsten Pädagogen aller Zeiten, was aber nichts an der Tatsache ändert, daß seine eigenen Leistungen als Schüler sehr viel zu wünschen übrig ließen.

Besonders tragisch war der Leidensweg, den der auch in seinem späteren Leben schwer geprüfte österreichische Komponist Hugo WOLF (1860–1903) am Gymnasium in Graz, St. Paul in Kärnten und in Marburg an der Drau, das er schließlich wegen seines schulischen Mißerfolgs ohne Ablegung der Matura verlassen mußte, zurückzulegen gezwungen war. In diesen Jahren wurden dem sensiblen heranreifenden Künstler von ihm als unerträglich empfundene nervliche Belastungen auferlegt.

Die überragende Genialität Albert EINSTEINS steht wohl außer Streit. Sie

bewahrte ihn aber nicht vor dem Schicksal, ein schlechter Schüler zu sein, dem der „Wust" – so nannte er dieses – des ihn langweilenden enzyklopädischen Schulwissens ein Greuel war. Die von ihm als geistlos empfundene Examensvorbereitung verglich er mit der Fütterung eines Raubtieres, dem man das Fressen gewaltsam mit der Peitsche aufzwingt. Und in seiner Selbstbiographie schrieb er später:
„Zum Wesen einer wertvollen Erziehung gehört es – – –, daß das selbständige kritische Denken im jungen Menschen entwickelt wird, eine Entwicklung, die weitgehend durch Überbürdung mit Stoff gefährdet wird (Punktsystem). Überbürdung führt notwendig zu Oberflächlichkeit und Kulturlosigkeit. Das Lernen soll so sein, daß das Dargebotene als wertvolles Geschenk und nicht als saure Pflicht empfunden wird."
Die Aufzählung von Genies, die in der Mittelschule ebenso versagten, ließe sich fast beliebig lang fortsetzen. Es seien aber von ihnen nur einige wenige genannt, die ich aufs Geratewohl herausgreife:
WALLENSTEIN, NAPOLEON, WELLINGTON, WALTER SCOTT, HOGARTH, der großartige Begründer der englischen Genremalerei, der von seinen Lehrern für stumpfsinnig erklärt wurde, der dänische Bildhauer THORVALDSEN, der die zweite Klasse seiner heimatlichen Schule mehrmals wiederholen mußte, der geniale amerikanische Erfinder EDISON, Ulysses GRANT, der große Feldherr und zweimalige Präsident der Vereinigten Staaten, sein späterer Nachfolger EISENHOWER, der große Physiker und Physiologe HELMHOLTZ, Winston CHURCHILL, HEMINGWAY, und, und, und.

Nun wird seit eh und je der Versuch unternommen, das Versagen so vieler Genies in der Schule, das in Wirklichkeit ein Versagen an ihnen ist, damit zu rechtfertigen, daß die Lehranstalten nicht der Eigenart einiger abnormer Ausnahmemenschen und ihrer einseitigen Begabung angepaßt werden können, sondern vielmehr die Aufgabe haben, den Bedürfnissen des „normalen" Schülers gerecht zu werden und diesem die Erreichung der ihm gesteckten Entwicklungs- und Leistungsziele zu ermöglichen.
Aber abgesehen davon, daß man ein Verbrechen an jedem genial veranlagten Menschen und darüber hinaus an der ganzen Menschheit begeht, wenn man die optimale Entfaltung seiner Begabung hemmt oder gar im Keim erstickt – – –, sind die Voraussetzungen, auf welchen der erhobene Einwand beruht, mehr als brüchig. Vor allem bedeutet er das Eingeständnis, daß die offizielle Schule dazu bestimmt ist, Mittelmäßigkeit zu züchten, welches Verfahren zwangsläufig zur Folge hat, daß sich in ihr ein zwar überdurchschnittlich, aber einseitig begabter Jugendlicher ebensowenig in angemessener Weise entfalten kann wie der mit seinen Fähigkei-

ten hinter dem Durchschnitt zurückbleibende Schüler.
Daraus ergibt sich, daß alle in den Teufelskreis einer höheren Schule geratenen jungen Menschen, die zwar keine Genies, dessen ungeachtet aber überdurchschnittlich, hingegen nicht allseitig begabt sind, durch den herkömmlichen — — — Schulbetrieb ebenso schwer geschädigt werden wie der geniale Mensch. Dieser ist ja nur eine besondere Ausprägung des menschlichen Typus, dessen Eigenschaften er — — — in einem teils überdimensionierten, teils unterdimensionierten Ausmaß besitzt. Er unterscheidet sich vom nicht genialen Menschen nur graduell, nicht aber essentiell. Er gehört nicht einer eigenen Gattung an, sondern bildet nur eine besondere Spielart der menschlichen Gattung, in der er wurzelt, und der er immer verhaftet bleibt, mag er diese auch in sich und durch seine überragenden Leistungen außer sich noch so sehr überhöhen, was gewöhnlich nur partiell der Fall ist.

Zwischen dem genialen und dem durchschnittlichen Menschen bestehen zahllose Abstufungen und Übergänge. Daher kann man auch in der Persönlichkeit und im Leben des Genies wie unter einem Vergrößerungsglas eine Fülle von Eigenschaften und Reaktionsweisen erkennen, die auch für alle jene Menschen charakteristisch sind, die zwar nicht genial, aber doch eigenständig und schöpferisch genug sind, um durch die von den Massenmenschen für ihresgleichen geschaffenen, aber nichtsdestoweniger auch ihnen aufgezwungenen Einrichtungen einen nicht wiedergutzumachenden Schaden zu erleiden, der — wie jede Wertzerstörung — eine Schädigung der Gesellschaft, der sie angehören, bedeutet.
Daher sollten alle jene, von denen eine schon so lange überfällige Reform unserer Mittelschule an Haupt und Gliedern abhängt, die folgende Mahnung Wilhelm OSTWALDs, der sich selbst durch eine ungewöhnliche, in seinem Fall nicht einmal einseitig zu nennende Begabung auszeichnete, beherzigen:

„Wir stellen — — — allgemein fest, daß gerade die begabtesten jungen Menschen sich der Form der geistigen Entwicklung, welche die Schule ihnen vorzuschreiben versucht, am kräftigsten widersetzen — — —. Die letztere erweist sich immer wieder als ein zäher und unerbittlicher Feind der genialen Begabung. — — — Man muß unter allen Umständen die Schulen so einrichten, daß die ungewöhnlichen Begabungen nicht behindert werden, was gegenwärtig in der schlimmsten Weise der Fall ist.
Das Rezept, das ich empfehle, bedeutet nichts anderes als Individualisierung — — —. Also die Klassen dürfen nicht überladen werden mit Schü-

lern und die Unterrichtsbehörde darf nicht als Ziel die gleichartige Erledigung des Klassenpensums aufstellen, sondern die Entwicklung möglichst vieler ausgezeichneter Individuen."

(Aus PHILOSOPHIE DER VOLLKOMMENHEIT, Band 2 und 3, Graz: Akademische Druck- und Verlagsanstalt, 1983.)

MAN ERKENNT DIE WELT NICHT, INDEM MAN SIE AUSWENDIG LERNT

Gebildet ist, wer ein Lexikon richtig aufschlagen kann. Oder, im Zeitalter der Elektronik, mit einem Computer intelligent umzugehen versteht.
Da das menschliche Gehirn sich bereits außerhalb unseres Kopfes befindet, besteht keine Notwendigkeit mehr, ihn mit Daten zu überfüttern. Die unsanfte Berieselung der Schüler mit Information erstickt nur die Neugier, lähmt die Phantasie, stumpft den Geist ab. Da diese Information noch dazu unverändert durch den Lehrer abrufbar bleiben muß, wird ihre organische Verarbeitung, die psychische Um- und Einwandlung systematisch blokkiert.
Nicht Informationen an sich, sondern ihre immer neuen, immer größeren Verknüpfungen durch Vernunft und Phantasie sollten Ziel alles Lehrens sein. Die Schule der Vergangenheit ist ein Lagerhaus toten Wissens, das an jede neue Generation zwangsverteilt wird. Die Schule der Zukunft wird eine Stätte der Bewußtseinserweiterung sein!
Die Gegenwart, also wir alle, entscheiden, wann diese Zukunft beginnt. Bestimmen, wann wir endlich aufhören, an unseren Schulen eine Vergangenheit zu reproduzieren, die uns eine Welt aus Haß, Angst und Gier beschert.
Es war die Schule als geistige und moralische Verkrüppelungsanstalt, die uns in die Krise der Entfremdung, der Zerstörung, der totalen Sinnlosigkeit führte. Wir haben gelernt, die Materie zu beherrschen. Aber wir haben es verlernt, diese Materie als Licht zu erkennen. Wir haben gelernt, die Erde auszubeuten. Aber wir haben es

verlernt, diese Erde als lebendigen Stern zu erfahren. Wir haben gelernt, in den Weltraum zu fliegen. Aber die Flügel der eigenen Seele büßten wir dabei ein.

Jede große Krise enthält die Möglichkeit einer großen Verwandlung. Nur müssen wir bereit dazu sein! Bereit, unsere Muster der Wahrnehmung zu wechseln. Bereit auch, unsere Ziele anders zu stecken. Wir sind nicht auf die Welt gekommen, um atomare Revierkämpfe zu Lande, im Wasser und in der Luft auszutragen. Konkurrenzkampf ist nicht die normale Art, in einer Gemeinschaft zu leben. Unbegrenztes Wirtschaftswachstum ist kein Erfolg, sondern eine Krankheit: Wirtschaftskrebs. Und materieller Fortschritt, wenn er zum Überfluß des Überflüssigen führt, trocknet unser Herz aus, macht uns zu Konsumsklaven. Denn wohin schreiten wir fort? Haben wir die totale Bequemlichkeit zum Sinn unseres Lebens gemacht?
Der alternative Mensch selbst sollte das Schulprogramm sein! Ein Programm, dem der Durchschnitt der Lehrer kaum gewachsen sein wird. Müssen wir also die Ausbildung neuer Lehrer durch neue Lehrer abwarten?
Nein, und die Lösung des Problems ist ganz einfach. Jeder Klasse ihren Sokrates! Wir müssen nur die besten Wissenschaftler, Künstler, Pädagogen für den Unterricht gewinnen, national und international. Auch die ersten Kameraleute, Regisseure, Tonmeister, Cutter. Ich denke an einen allgemeinen wie auch besonderen Televisionsunterricht, der durch den elitären Einsatz von Wort, Bild und Ton ein Optimum an allgemeiner Verständlichkeit erreicht.

Die Produktion der sich selbst beständig überholenden Programme — denn Wissenschaft ist, wie die Welt, ein Prozeß — mag früher oder später erfolgen. Gibt es doch international einen prächtigen Fundus, aus dem wir mit Klugheit und Phantasie schöpfen können, sofern kom-

merzielle und ideologische Interessen dabei ausgeschaltet bleiben.
Und die alten Lehrer, geliebte, gehaßte, gefürchtete Knotenpunkte unserer Kindheit — ist ihre leibliche Anwesenheit überflüssig geworden? Ganz im Gegenteil! Nur ihre Funktion soll sich wandeln, was eine wesentlich andere Auswahl und Ausbildung erfordert.

Schule ist immer Initiation in eine bestimmte Kultur. Erinnern wir uns an die weisen, pädagogisch genialen Initiationsriten vergangener Kulturen! Ungeheuer hüten die Geheimnisse, und schwierig sind die Aufgaben, die der junge Initiant lösen, die Abenteuer, die er bestehen muß, um viel mehr als Kenntnis — um Erkenntnis zu erlangen. Masken und Dämonen weisen ihm den Weg zum Aufstieg in ein höheres Bewußtsein. Der Bildschirm könnte die Maske sein, der Dämon, das seit so vielen Jahrtausenden bewährte Element der Verfremdung, ohne das uns zutiefst nichts vertraut werden kann.
Der alltägliche Kontakt zwischen Schüler und Lehrer aber ist nicht nützlich, sondern schädlich für den Unterricht, ist die Banalisierung von Schönheit, Geheimnis und Schrecken. Und mit Schrecken, Geheimnis und Schönheit hat es die Schule der Zukunft, die Schule des neuen Zeitalters wieder zu tun!
Nein. Die gewöhnlichen Lehrer, deren menschliche Begrenzungen wir mit Rührung und Ärger erfahren haben, sind ungeeignet, uns über die Schwelle der Ratio zu führen, uns einzuweihen in eine größere Wirklichkeit als die der Jahreszahlen und Vokabeln, der Formeln, Fälschungen und Vorurteile, von denen sie selbst geprägt wurden. Aber sie können die älteren, klügeren, verständnisvollen Geschwister der Schüler sein, ihre großen Kameraden, die heiteren und liebreichen Helfer. Sie können die Ferngesehenen, die die Maske des Bildschirms tragenden Fremden durch unsere Klassen be-

gleiten, Gemüt und Intellekt der Schüler behüten, sich der Einzelnen mit Kenntnis und Freundlichkeit annehmen. Und vielleicht können sie sogar Eugenie Schwarzwalds Traum von der fröhlichen Schule erfüllen.

Die künftigen Lehrer werden Wissende sein. Aber sie werden nicht die Autorität des Wissens, sondern die Autorität des Herzens haben. Nicht mehr vom Lehrstoff durch die Semester gehetzt, können sie im täglichen Umgang mit den Schülern über deren leibliches und geistiges Wohl wachen, ihnen beim Lösen von persönlichen und schulischen Problemen helfen, ihre psychische und geistige Entfaltung betreuen. Praktisch bedeutet dies, daß die neuen Lehrer oder vielmehr Erzieher medizinisch und psychologisch ausgebildete Persönlichkeiten (jawohl, Persönlichkeiten!) mit Phantasie, Toleranz und Humor sein müssen, harmonisch und liberal.

Die starren Schulklassen werden durch flexible Gruppen ersetzt, die Einzelnen können, ihrer individuellen Entwicklung gemäß, jederzeit aufsteigen. Mit toten Informationen vollgekritzelte Schulhefte, die von den geplagten Schülern daheim auswendig gelernt werden müssen, haben ausgedient. Wir werden keine Blütenblätter mehr zählen, sondern die Symbiose von Mensch und Pflanze entdecken. Statt einer Landkarte wird die Erde selbst in ihrer Pracht und Gefährdung gezeigt, statt Präparaten und Gerippen das präzis in Raum und Zeit aufeinander bezogene Leben der Tiere. Statt Maß und Zahl das leuchtende, sich unablässig verwandelnde Gewebe der Welt! Dem statischen folgt so ein dynamischer Unterricht, der Qual mechanischen Lernens das lustvolle Abenteuer der Bewußtwerdung von Kosmos und Individuum als unlösbares Geflecht.

Stoff, der bisher am Katheder doziert und diktiert wurde, verwandelt sich in Licht, Klang und Bewegung. Der televisionäre Bildschirm entspricht nicht nur den Masken der alten Priester. Er entspricht auch dem neutralen Bildschirm des Neokortex, auf dem sich die Symbole der Sprache, der Logik und Mathematik abbilden.

Aber der Mensch hat, daran sei erinnert, nicht ein Gehirn, sondern drei! Reptilienhirn, Pferdehirn, Neokortex. Und alle drei haben ihre eigene Intelligenz, ihre eigene Subjektivität, ihr eigenes Gedächtnis. Wir werden von allen drei Gehirnen gesteuert, und ich frage mich, ob unsere starre und einseitige Erziehung ihre Koordination nicht empfindlich stört? Auf unseren Schulbänken sitzt nicht nur der kleine homo sapiens, sondern auch der Drache und das Pferd!
Das Reptilienhirn ist zwei- bis dreihundert Millionen Jahre alt und für die Bildung von Herden zuständig, von gesellschaftlichen Hierarchien, Kampf und Territorialität. Kurzum, ohne genaue Kenntnis unseres Reptilienhirns, dessen Lernfähigkeit leider miserabel ist, werden wir niemals Geschichte verstehen. Und, was viel trauriger ist, wir werden nicht aufhören, dieselbe Geschichte leidvoll zu wiederholen.
Dieses Reptilienhirn ist ferner für unsere Impulse verantwortlich, für unsere unwiderstehlichen Triebe, für unsere Rituale der Partnerwerbung. Ohne zu wissen, wie unser organismischer Geist funktioniert, werden wir trotz Biologie und Sexualkunde sehr wenig vom Geist des Lebens begreifen.
Auch mit dem um rund hundert Millionen Jahre jüngeren Pferdehirn oder limbischen System sollte unser Schulwesen sich näher befassen! Von der Außen- wie von der Innenwelt Informationen empfangend, hat es wesentlichen Anteil an der Bildung unserer persönlichen Identität, und unsere alternativen Bewußtseinszustände scheinen von ihm gesteuert zu werden. Erscheint der Psychologie- und Religionsunterricht ohne Studium dieses limbischen Systems nicht reichlich fragmentarisch?
Der Neokortex, unser jüngeres Säugetierhirn, ist erst

fünfzig Millionen Jahre alt. Er beschert uns die Fähigkeit zur Abstraktion, zur Loslösung von der Realität. Der schöpferische Prozeß, in dem wir die Wirklichkeit verändern, beginnt. Oder, wie Paul MacLean sagt: das Reptilienhirn steht für die archetypischen Figuren und Rollen, die aller Literatur zugrundeliegen; das limbische System bewirkt die emotionale Ausrichtung, Auswahl und Entwicklung der Szenarien; der Neokortex schließlich macht daraus so viele verschiedene Gedichte, Erzählungen, Romane und Dramen, wie es individuelle Autoren gibt.

Lehrt die Schule uns also, Wirklichkeiten zu entwerfen? Das könnte sie tatsächlich tun. Bisher allerdings beschränkte sie sich und uns darauf, Teile der Vergangenheit zu bestätigen. Das durch die Auswahl der Teile entstandene Muster hält der Schüler, sehr oft sein Leben lang, für die Welt.

Eine Welt, deren irrationale Hälfte noch dazu amputiert wurde und noch immer wird. Scheint doch die rechte Hemisphäre unseres Großhirns holistisch, analog, nichtverbal und musikalisch zu funktionieren. Qualitäten, die unser öffentliches Schulsystem mit Vernachlässigung und Verachtung bestraft, während es sich mit fanatischem Eifer der analytischen, digitalen, verbalen Eigenschaften der dominanten linken Hemisphäre bemächtigt. Betrachten wir die Krise der Gegenwart getrost als Resultat dieser einseitigen Auslese!

Sie hat uns nicht der Wahrheit beraubt, sondern der Harmonie. Im Besitz einer endgültigen Wahrheit waren wir nie. Denn auch die Wahrheit ist ein Prozeß. Wie im Märchen der Jäger das Wild der anderen Welt, müssen wir sie verfolgen. Und wie das geheimnisvolle Wild jener anderen Welt im Märchen, wird sie ihre Gestalt immer wieder verwandeln.

Diese andere Welt, die in unseren Märchen und Mythen aufleuchtet, in jeder großen Kunst erscheint wie in einem Fenster, die Quelle unserer Mystik, Offenbarung,

Inspiration ist — sie wohnt in der rechten, von der Schulkultur entmachteten Hemisphäre unseres Gehirns. Warum duldet unsere Erziehung nur eine einzige Realität? Das ist ebenso dumm wie gefährlich. Ihre Aufgabe wäre es, diese eine und keineswegs einzige Wirklichkeit mit den unendlich vielen anderen zu versöhnen.
Daß Monokulturen die Erde unfruchtbar machen, haben wir in der Landwirtschaft erkannt. Unfruchtbar macht auch die Monokultur unserer Schule Geist und Seele der Schüler! Warum pflanzen wir nicht mehr Welten in sie ein? Einen bunten Garten der Wirklichkeiten, in dem Früchte reifen, wie wir sie noch nie schmeckten. Keine Utopie! Neunzig Prozent unseres Gehirns, dieses geheimnisvollen Labyrinths, das ein noch viel geheimnisvolleres widerspiegelt, liegen hinter der Hecke, die wir für die Grenze unseres Seins halten, im Dornröschenschlaf.
Schon die Physik jenseits von Newton ist eine Pforte in diesen Garten der Wirklichkeiten, und man sollte den Schüler sehr früh dahin führen. Nicht unbedingt auf dem Weg der Formeln! Warum, zum Beispiel, lernen wir Relativitäts- und Quantentheorie nicht als Comic strips?
Zu einem schöpferischen Lernen gehört auch das Vergessen. Gehört das Verwesen von Information. Unvergessene, unverweste Informationen ertarren, verwandeln sich nicht. Und auch der, in dem sie erstarrt sind, bleibt fortan derselbe. Festgeschmiedet an vergangene Muster des Denkens und der Wahrnehmung, wiederholt er sich selbst.
Auch Informationen müssen sterben, um neu geboren zu werden. Durcheinandergeschüttelt im Kaleidoskop der Erinnerung zu immer anderen Bildern. Und alle Bilder werden unscharf mit der Zeit, während unser Auge frei für die größere Linie wird.
Ist es nicht das Wesen des Geistes, den wir Leben nennen, durch Verwandlung zu wachsen?

Gregory BATESON

„Mir wurde erschreckend deutlich, daß der Schulbetrieb ... im gesamten Abendland so eindeutig darauf hinauslief, alle entscheidenden Probleme zu umgehen, ... die für die Evolution und für nahezu alles weitere biologische oder soziale Denken relevant waren ... Die offizielle Erziehung vermittelte den Menschen fast nichts über die Natur all dieser Dinge an den Meeresküsten und in den Rotholz-Wäldern, in den Wüsten und Ebenen. Sogar Erwachsene, die selbst Kinder haben, sind nicht in der Lage, eine vernünftige Erklärung von Begriffen wie Entropie, Sakrament, Syntax, Zahl, Quantität, Muster, lineare Relation, Name, Klasse, Relevanz, Energie, Redundanz, Kraft, Wahrscheinlichkeit, Teile, Ganzes, Information, Tautologie, Homologie, Masse (entweder im newtonschen oder im christlichen Sinne), Erklärungen, Beschreibungen, Regel der Dimensionen, logischer Typ, Metapher, Topologie und so weiter zu geben. Was sind Schmetterlinge? Was sind Seesterne? Was sind Schönheit und Häßlichkeit?
... Brich das Muster auf, das die Lerninhalte verbindet, und du zerstörst notwendigerweise alle Qualität ... Das Muster, das verbindet. Warum lehren die Schulen fast nichts über das Muster, das verbindet? ... Welches Muster verbindet den Krebs mit dem Hummer und die Orchidee mit der Primel und all diese vier mit mir? Und mich mit Ihnen? Und uns alle sechs mit den Amöben in einer Richtung und mit dem eingeschüchterten Schizophrenen in einer anderen? ... Welches ist das Muster, das alle Lebewesen verbindet? ...
... Das Muster, das verbindet, ist ein Metamuster. Es ist ein Muster von Mustern. Und genau dieses Metamuster definiert die weitreichende Verallgemeinerung, daß es in der Tat Muster sind, die verbinden ... Wir sind dazu erzogen worden, alle Muster, mit Ausnahme der musikalischen, als etwas Festes aufzufassen. Das ist zwar sehr einfach und bequem, aber natürlich vollkommener Unsinn. In Wahrheit ist die richtige Weise anzufangen, über das Muster, das verbindet, nachzudenken, es primär ... als einen Tanz ineinandergreifender Teile aufzufassen, und erst sekundär als festgelegt durch verschiedenartige physikalische Grenzen und durch diejenigen Einschränkungen, die Organismen typischerweise durchsetzen ...

... Wenn die Welt verbunden ist ... muß ... der Evolutionsprozeß über Millionen von Generationen ... aus dem Stoff von Geschichten aufgebaut sein... Was ist eine Geschichte, daß sie ... ihre Teile verbinden kann? Und ist es wahr, daß die allgemeine Tatsache dieser Art der Verbundenheit aller Teile dem zugrunde liegt, was es bedeutet, lebendig zu sein? Ich biete Ihnen den Begriff des Kontexts an, die Vorstellung eines Musters in der Zeit... Ohne Kontext haben Worte und Handlungen überhaupt keine Bedeutung. Das gilt nicht nur für die menschliche Kommunikation mit Worten, sondern auch für alle Kommunikation schlechthin, für alle geistigen Prozesse, für jeglichen Geist, den eingeschlossenen, der einer Seeanemone sagt, wie man wächst, und der Amöbe mitteilt, was sie als nächstes tun soll.

Ich stelle eine Analogie her zwischen dem Kontext in der oberflächlichen und teilweise unbewußten Sphäre persönlicher Beziehungen und dem Kontext in den tieferen, archaischeren Prozessen der Embryologie und Homologie. Ich behaupte, daß ... Kontext ... das notwendige Wort (ist), um alle diese entfernt verwandten Prozesse zu beschreiben.

Es herrscht eine Verwirrung im Sprachunterricht, ... den Kindern in der Schule wird ... Unsinn beigebracht. Man erzählt ihnen, daß ein ‚Substantiv' der ‚Name einer Person, eines Ortes oder einer Sache' ist, daß ein ‚Verb' ‚ein Zeitwort' ist und so weiter. Das heißt, man lehrt sie in einem zarten Alter, daß die richtige Weise, etwas zu definieren, darin besteht, zu bestimmen, was es vermutlich an sich selbst ist, anstatt auf seine Relationen zu anderen Dingen einzugehen.

... Ich erinnere mich noch an die Langeweile, mit der wir Sätze analysierten, und an die Langeweile, später in Cambridge, vergleichende Anatomie zu lernen. Beide Themen waren als Lehrstoffe quälend irreal. Man hätte uns etwas vermitteln können über das Muster, das verbindet: Daß alle Kommunikation einen Kontext erfordert, daß es ohne Kontext keine Bedeutung gibt, und daß Kontexte Bedeutung vermitteln, weil es eine Klassifizierung von Kontexten gibt. Der Lehrer hätte so argumentieren können, daß Wachstum und Differenzierung durch Kommunikation kontrolliert werden müssen. Die Gestalten von Tieren und Pflanzen sind Umwandlungen von Mitteilungen. Die Sprache selbst ist eine Kommunikationsform. Die Struktur der Eingabe muß als Struktur irgendwie in der Ausgabe reflektiert sein. Anatomie muß eine Analogie zur Grammatik enthalten, weil jegliche Anatomie eine Umwandlung von Mitteilungsmaterial ist, das durch den Kontext gestaltet werden muß. Und schließlich ist die Gestaltung durch den Kontext nur ein anderer Ausdruck für Grammatik.

Wir kommen also zurück zu den Mustern der Verbindung und ... der ... Aussage, daß es in der Tat ein Muster von Mustern der Verbindung gibt. Dieses Buch lebt von der Überzeugung, daß wir Teile einer lebendigen Welt sind ... Ich behaupte, daß es ein Lernen von Kontext gibt..."

(Aus GEIST UND NATUR, EINE NOTWENDIGE EINHEIT, Frankfurt am Main: Suhrkamp, 1982.)

Beim Treffen des Komitees für Erziehungspolitik am 20. Juli 1978 habe ich festgestellt, daß die gegenwärtigen Erziehungsprozesse aus dem Blickwinkel des Studenten ‚außer Rand und Band' geraten sind. — — — Es ist ein Problem des Veraltens. Während vieles, was die Universitäten heute lehren, neu und zeitgemäß ist, sind die Voraussetzungen und Prämissen des Denkens, auf denen unsere gesamte Lehre beruht, alt und — — — veraltet. Ich denke da an Vorstellungen wie:

a) Der Cartesische Dualismus, der ‚Geist' und ‚Materie' trennt.
b) Der befremdliche Physikalismus der Metaphern, die wir verwenden, um geistige Phänomene zu beschreiben und zu erklären — ‚Macht', ‚Spannung', ‚Energie', ‚soziale Kräfte' usw.
c) Unsere anti-ästhetische Annahme, die sich vom Schwergewicht herleitet, das Bacon, Locke und Newton vor langer Zeit auf die Naturwissenschaften legten, nämlich daß alle Phänomene (auch die geistigen) im Sinne der Quantität untersucht und bewertet werden können und sollen.

Die Weltanschauung — die latente und teilweise unbewußte Erkenntnistheorie —, zu der solche Ideen gemeinsam führen, ist auf drei unterschiedliche Weisen unzeitgemäß:
a) Pragmatisch gesehen ist klar, daß diese Prämissen und ihre Korollare zu Gier, ungeheuerlichem Überwachstum, Krieg, Tyrannei und Umweltverschmutzung führen. In diesem Sinne erweisen sich unsere Prämissen tagtäglich als falsch, und die Studenten sind sich dessen halb bewußt.
b) Intellektuell gesehen sind die Prämissen darin falsch, daß Systemtheorie, Kybernetik, holistische Medizin, Ökologie und Gestaltpsychologie nachweislich bessere Wege anbieten, die Welt der Biologie und des Verhaltens zu verstehen.
c) Als eine Grundlage der Religion wurden Prämissen, wie die von mir erwähnten, vor etwa hundert Jahren eindeutig untragbar und damit obsolet.
— — —

... Strenge allein ist lähmender Tod, aber Phantasie allein ist Geisteskrankheit. ‚Die Zeit ist aus den Fugen', weil diese beiden Komponenten der Steuerung des Evolutionsprozesses wechselseitig aus dem Rhythmus gekommen sind."

(Aus DIE ZEIT IST AUS DEN FUGEN, ein Memorandum, das im August 1978 an das Aufsichtskomitee der University of California verteilt wurde. Als Anhang in GEIST UND NATUR, EINE NOTWENDIGE EINHEIT.)

Erich JANTSCH

„— — — Von individueller Kreativität bis zu den großen Strömungen der Kunst, von Persönlichkeitsentwicklung bis zur Evolution umfassender kultureller Leitbilder und Religionen — — — Stets handelt es sich dabei um offene Systeme fern vom Gleichgewichtszustand — — — Tatsächlich entfernt sich die Menschheit, global gesehen, immer weiter von einem Gleichgewichtszustand und drängt zu einer neuen Struktur — — —
Der Trend der Entwicklung des neuralen Geistes weist, wie bei jeder ‚Speerspitze' der Evolution, in Richtung auf eine Zunahme von Erstmaligkeit... Die Koordination der drei hierarchisch funktionierenden Hirne ist eine der wichtigsten Aufgaben, die der Mensch noch zu leisten hat. Vor allem geht es ... darum, das limbische System aus seiner Erstarrung zu lösen. Es kann uns eine phantastische Welt der ‚verschiedenen Realitäten' eröffnen — wie es dies bereits in Träumen, Halluzinationen und unter dem Einfluß halluzinogener Drogen tut — und damit auch den Neokortex dazu anregen, auf diesen reich aufgefächerten Matrizen seinerseits sein erfindungsreiches Spiel zu treiben, anstatt sich auf eine einzige Weltsicht festzulegen."

(Aus DIE SELBSTORGANISATION DES UNIVERSUMS, München: Hanser, 1979.)

Vinoba BHAVE

„Das Spielen ist für (Kinder) eine Freude, keine Pflicht, es ist ein Vergnügen, keine Leibesübung. Dieses Prinzip muß auf alle Arten des Lernens angewandt werden. Anstelle der künstlichen Auffassung, wonach Bildung eine Pflicht ist, müssen wir die natürliche und inspirierende Idee fördern, daß Bildung Spaß macht... Bildung ist ein innerer Urquell, der ganz natürlich in die Außenwelt überfließt ... Der wahre Lehrer lehrt nicht, aber an seiner Seite wird Selbsterziehung möglich. Die Sonne gibt keinem ihr Licht, und doch empfangen es alle auf dem natürlichsten und einfachsten Wege ...
Die Frage: ‚Was sollen wir unsere Schüler lehren?' wird in den Upanishaden gestellt, und es wird zur Antwort gegeben, wir sollten sie ‚den Veda der Veden' lehren. Wir lehren die Veden, aber unterschlagen die Bibel; wir lehren die Bibel, aber unterschlagen den Koran; wir lehren den Koran, aber unterschlagen den Dhammapada; wir lehren den Dhammapada, aber unter-

schlagen die Wissenschaft; wir lehren die Wissenschaft, aber unterschlagen die politische Ökonomie. Die Aufzählung ließe sich beliebig verlängern. Wo sollen wir haltmachen? Wir müssen sie stattdessen den Veda der Veden lehren, das heißt die Kraft, die Veden wie auch alles andere selbst zu studieren. Wir müssen ihnen den Schlüssel zum Erwerb des Wissens in die Hand geben ...

Sollen wir neue Geschichte machen – oder bloß alte Geschichten lesen? Wir sollten den schöpferischen Geist nicht durch das passive Geschichtsstudium ersticken, um dann zu dem Schluß zu kommen: ‚Es gibt nichts Neues unter der Sonne.' Worauf gründet sich die Behauptung, daß etwas bislang nie Dagewesenes niemals geschehen könnte? Sind wir denn zur Welt gekommen, um nur das zu tun, was seit jeher getan worden ist? Wir dürfen nicht zulassen, daß unser Verstand unter der Last alter Geschichte erdrückt wird. Wir sind dazu geboren, neue Experimente zu machen und neue Wahrheiten zu erproben ...
Wo die kraftvolle Neuschöpfung von Ideen mit praktischen Versuchen einhergeht, da haben wir es mit ‚Basisbildung' zu tun. Wo bloß Ideen ohne praktische Grundlage diskutiert werden, haben wir es mit der Erziehung alten Stils zu tun, die überall üblich ist. Im Rahmen der integrativen Basisbildung müssen Lehrer und Schüler den Bauern und den Philosophen in ihrer Person vereinigen."

(Aus ERZIEHUNG OHNE MANIPULATION in VIELE WEGE, Paradigmen einer neuen Politik, München: Dianus-Trikont, 1985.)

William Irwin THOMPSON

„Jedes Leben ist einzigartig, und doch hat jedes Leben ein universales Muster, geradeso wie aller Schnee weiß ist, doch jede Flocke einen unterschiedlichen Kristall bildet.
Schaut man auf den Vorbeizug individueller Existenzen um sich herum, erscheint ein durchgängiges Muster. Da führt eine gerade Linie gesetzter Uhrzeit von der Kinderstube bis zum Kindergarten, darunter und darüber aber pulsiert die Schwingung menschlicher Lebenszeit. Die folgende – – – Darstellung der wechselnden Lebenszeitschwingungen sollte – – – als musikalisches Liniensystem gesehen werden, das uns zeigt, wie die Beziehungsgefüge arbeiten, damit wir lernen, wie zu spielen ist.

Altersgruppe 1 bis 7 (Homo ludens)
Das vordringliche Ziel während der ersten sieben Lebensjahre besteht darin, Körper und Herz beherrschen zu lernen. Das Kind wächst, indem es mit seinem Körper und seinen Eltern spielt; es erfühlt seinen Weg zur Selbstbeherrschung durch die Kraft und Hilfestellung der Gefühlsumwelt in der Familie.

Altersgruppe 7 bis 14 (Homo faber)
Im traditionellen Verstandesalter tritt — — — eine tiefgehende Veränderung ein. Das Kind verliert seine emotional begründete Egozentrik und beginnt, ein sachliches Interesse an der Welt zu nehmen. Es fängt an, den Verstand zu beherrschen und trägt mit Freude Tatsachen zusammen.

Altersgruppe 14 bis 21 (Homo ludens)
Zwischen sieben und vierzehn, wenn sie sich für das Sammeln von Gegenständen und Tatsachen begeistern, sollten Kinder in der Schule sein; mit dem Jugendalter aber sollten sie von der Schule freigestellt werden und nach guter maoistischer Sitte zu Arbeit und Spiel aufs Land und in die Kommunen geschickt werden. Mit vierzehn erlebt der Mensch eine neue Phase schöpferischen Aufschwungs. — — — Zusammen mit den Stürmen der Pubertät kommt ein Ausbruch neuer Gefühle und Zärtlichkeit. Die Lebenshaltung und -einstellung wechselt von der gespielten Härte des Faktensammlers zu einem sanfteren und ‚gefühligeren' Verhältnis allem Gedanklichen gegenüber. Menschen dieser Lebensphase in Schulen zu halten, heißt ihrer ganzen Natur Gewalt anzutun. Sie müssen durch körperliche und seelische Aktivitäten wachsen und sich entwickeln, nicht, indem sie in den Bibliotheken hocken und die passionierten Abstraktionsleistungen älterer Leute zu verstehen suchen. — — — Jugendliche müssen durch erotische Entdeckungen wachsen, durch Gefühlsausbrüche, Musik, Dichtung, Arbeit und Tanz: kurz, durchs Spiel in der wahrsten kulturellen Bedeutung des Wortes. — — — Es ist nicht nötig, sie in ein siebenjähriges Sommerlager zu verschicken. Statt dessen sollten wir ihnen, chinesischer Weisheit folgend, Arbeiten reich an hohen Idealen und neuen kulturellen Zielsetzungen bieten.

(Aus AM TOR DER ZUKUNFT, Freiburg im Breisgau: Aurum, 1975.)

EINHEITSSCHULE DER VIELFALT

Da der Mensch sich physisch und wohl auch psychisch in einem Rhythmus von sieben Jahren wandelt, sollte der Schulbeginn annähernd mit der Vollendung seines siebenten Lebensjahres zusammenfallen. Begründete Ausnahmen müßten nach beiden Richtungen möglich sein.

Ich plädiere für die Einheitsschule vom 7. bis zum 14. Jahr. Aber für eine Einheitsschule der Vielfalt! Wenn dem Lehrer wie dem Schüler klar ist, und zwar wirklich klar, daß im weißen Licht alle Farben enthalten sind — dann, und nur dann, darf die Schule ihren Schülern die volle Freiheit geben, ihre Lieblingsfarben zu wählen. Mit anderen Worten, die Einheitsschule lehre doch keine einheitliche Bildung! Die Einheitsschule lehre zuerst die Einheit der Welt! Und dann ihre Vielfalt.

Von der Einheit der Welt handelt ein späteres Kapitel. Der Schüler sollte dieser Einheit gewahr werden, noch ehe er Lesen, Schreiben und Rechnen lernt. Sie, diese Einheit, ist ja auch viel leichter zu verstehen als Buchstaben und Zahlen. Man sollte sie dem Kind so einfach wie ein Märchen erzählen. Alle Märchen sind wahr. Aber wenn es Grade der Wahrheit gibt, dann hat dieses den höchsten.

Ich schlage vor, im ersten Jahr nichts anderes zu lehren als das Märchen vom lebendigen Universum. Die Kinder sollen nicht als Fremdlinge auf einem toten Planeten aufwachsen, sondern sich geborgen fühlen als lebendige Teile einer lebendigen Ganzheit. Auch soll mißverstandener Verstand nicht jene Wesen in ihren Herzen und Sinnen ausrotten, die wir Geister und Elben nennen, und die eine Schwingung des Lichtes sind wie wir selbst, eine Farbe an der Grenze unseres Spektrums, nicht wirklicher und nicht unwirklicher als der Mensch. Die sichtbare und die unsichtbare Welt als Einheit erfahrend, wende man die Aufmerksamkeit der Kinder den Reichen der Steine, der Pflanzen und der Tiere zu, unseren älteren (Steine und Bäume) und jüngeren (Tiere) Geschwistern. Wie Planzen uns den Atem schenken, lehre man sie, und die Kreisläufe des Lebens, und daß es gut ist, Fleisch und Geist von allem, was uns nährt, dankbar in uns aufzunehmen. Aber man lehre sie NICHT, die Erde zu füllen und sich untertan zu machen! Man lehre sie NICHT, zu herrschen über Fisch, Vogel und jedes Getier! Denn diese Lehre zerstört Erde und Mensch.

Man zeige ihnen Erde, Sonne und Mond, und man zeige ihnen die Sterne. Aber nicht so, wie die gestrige Wissenschaft sie begreift! Denn in der heutigen feiert Gaia, die alte Göttin, ihr Comeback als Hypothese, und in der Wissenschaft von morgen wird sie wieder ein lebendiger Stern sein, und wir Teil ihres Lebens.

Man trenne also im kindlichen Herzen den Geist nicht von der Natur! Wer staunt, hat mehr von der Welt begriffen, als wer sie klassifiziert. Dieses kindliche Staunen gilt es, zu wecken und zu erhalten. Man erkläre es, um Himmels willen, nicht weg!

Die aufgeklärten Aufklärer werden mir, ich weiß es, nicht folgen. Glauben sie doch, mir weit schon voraus zu sein. Sie irren. Sie sind nur in alten Strukturen, die einst neu waren, erstarrt. In Strukturen des Denkens, die sie geformt haben, und nach denen sie nun andere formen. Aber diese Strukturen müssen immer wieder aufgebrochen werden, wenn der Mensch wachsen will. Am besten, man läßt sie erst gar nicht allzu fest werden. „SO IST ES. IST ES SO?“ Das ist ein Titel von Pirandello, und ich halte ihn für ein gutes Motto für jeglichen Unterricht.

Man hat also in diesem ersten Schuljahr die Welt im kindlichen Geiste, statt sie zu zerstückeln, vereint. In diesem Jahr sollte man auch schon anfangen, über den Tod zu sprechen. Ein Thema, das — wie alle anderen hier — mit jedem Jahr wiederkehren soll, kreisend auf der Spirale des erwachenden Geistes. Wer die Kinder lehrt, das Wesen des Wassers zu verstehen, hat sie schon viel über das Wesen von Tod und Leben gelehrt. Wer die Wanderung des Wassers zwischen Himmel und Erde begreift und seine unablässige Verwandlung, wird sich auch später nicht von der Theorie einer linearen Zeit verstören lassen. Nur die gemessene Zeit ist ja linear, die unermessliche aber das Geheimnis der Gegenwart.

Nach diesem ersten Jahr unterweise man die Kinder im Lesen, Schreiben und Rechnen. Aber man versuche, das weniger zur Mühsal und Pflicht werden zu lassen, als zu Spiel und Spaß! Analphabetentum ist weder Schande noch Katastrophe, und bedeutende Kulturen kamen ohne Schrift aus. Aber Analphabetentum schränkt die Spiel- und Kommunikationsmöglichkeiten in unserer Kultur, zu dieser Jahrtausendwende, beträchtlich ein. Aus dieser Perspektive sollte man die Kinder alle Unterweisungen in Zahl und Schrift als einen Sack voller Geschenke begreifen lassen. Bildung ist ein Spielzeug und macht Freude. Damit sie allerdings Freude macht, müßten die Lehrer dieser ersten Periode kluge und fröhliche Psychologen sein, ja im allerersten Jahr sogar mehr. Güte, Weisheit, Poesie — wem die drei fehlen, dem sollte man lieber kein Kind zur Erziehung anvertrauen. Und das bedeutet, daß Auswahl und Ausbildung der Lehrer drastisch zu verändern sind.
Wichtig sind die ersten Lesebücher! Und natürlich alle folgenden auch. Man sollte Kinder niemals wie kleine Idioten behandeln, und anhand idiotischen Materials sollte man sie auch nichts lehren. Auf die Grammatik komme ich später zurück, da wünsche ich eine Revolution, und den oder die Führer dieser Revolution stelle

ich in einem späteren Kapitel vor. Jetzt möchte ich nur drei Bücher nennen, welche die ersten sein sollten, mit denen der kindliche Geist für die Erlernung des Lesens belohnt wird:

Die TIERGESCHICHTEN von Manfred Kyber,
Die BRÜDER LÖWENHERZ von Astrid Lindgren
und Edith Nesbit, DIE KINDER VON ARDEN, DER TRAUM VON ARDEN.
Habe ich nichts vergessen? Doch, ja! Zum Beispiel UNTEN AM FLUSS von Richard Adams. Und DER WIND IN DEN WEIDEN von Kenneth Grahame. Das sind lauter Bücher, die nicht nur großes Vergnügen bereiten. Sondern sie öffnen das Herz, und sie öffnen den Geist. Wer sie als Kind gelesen hat, wird als Erwachsener einfach freundlicher sein, toleranter und sehr viel weniger manipulierbar.
Hand aufs Herz! Wollen wir das überhaupt?

Hans A. PESTALOZZI

Jedes Kind lernt gerne.
Jedes Kind lernt mit Begeisterung.
Jedes Kind will nachmachen, nachahmen.
Jedes Kind lernt das, was es braucht zum Leben, völlig freiwillig: essen, trinken, spielen, Hütten bauen, Schneemänner machen. Es lernt freiwillig und mit Begeisterung, bis es in die Schule kommt, dann ist es aus. Dann braucht das Kind von einem Tag auf den anderen Selektionszwang, Notenzwang, Hausaufgabenzwang. Ohne diesen Zwang wäre es zu faul zum Lernen.

Jedes Kind ist unglaublich kreativ. Schauen Sie wieder einmal einem Kleinkind zu, welche Märchenwelt es mit seinen Tannenzapfen im Sandkasten gestaltet. Es ist fähig, seinen Empfindungen Ausdruck zu geben. Bis es in die Schule kommt. Dann ist wieder Schluß.
Nach einem Jahr hat es 50% seiner kreativen Fähigkeit verloren, nach 10 Jahren Schule hat es nach neuesten Ergebnissen noch 10% seiner kreativen Gestaltungs- und Ausdrucksfähigkeit von früher. Es muß ja immer nur noch wiedergeben, repetieren.
Jedes Kind ist fähig, seinen Gefühlen Ausdruck zu geben, es ist emotional, es lebt aus dem Bauch heraus. Bis es in die Schule kommt, dann ist auch das Schluß. Von einem Tag auf den anderen heißt es: benimm dich, nimm dich zusammen, man läßt sich nicht so gehen, der Junge weint doch nicht, das Mädchen pfeift doch nicht, und so weiter und so fort. Das Kind muß von einem Tag auf den anderen rational sein, mit dem Kopf arbeiten, den Bauch ausschalten. Jedes Kind hat ein ungeheueres Bedürfnis nach körperlicher Betätigung. Von einem Tag auf den anderen aber muß es ruhig sitzen, darf sich nicht bewegen, muß die Hände ruhig halten, darf nicht scharren unter dem Tisch. Nicht einmal in der Pause darf es herumtoben, man benimmt sich doch nicht so auf dem Pausenplatz.
Jedes Kind lebt ganzheitlich. Es will das Ganze im Leben. Und plötzlich soll es sich schon ganz früh entscheiden. Es muß sich spezialisieren, damit etwas wird.
Jedes Kind lebt solidarisch. Jedes Kind will mit anderen Kindern zusammen sein, es will Gruppen bilden, es will Kameraden haben. Von einem Tag auf den anderen ist auch damit Schluß. Es muß gegen das andere arbeiten, kein Kind wird in der Schule an seinen eigenen Fähigkeiten gemessen. Kein Kind wird daran gemessen, ob es mit anderen zusammen sein, zusammen arbeiten kann, es wird nur daran gemessen, ob es besser ist als

das andere. Von einem Tag auf den anderen muß es schöner schreiben als das andere, schneller rechnen als das andere, weiter springen als das andere, heller singen als das andere. Und wenn es ihm gelingt, das andere zu übertrumpfen, mit anderen Worten, das andere zu unterdrücken, dann steht ihm das Leben offen, dann ist es ein guter Mensch.

Hat die Schule denn keinen anderen Auftrag, als all das aus uns auszutreiben, was uns als Menschen ausmachen würde, was uns als Individuen ausmachen würde? Und dies alles nur, weil Lehrer den falschen Paradigmen anhängen? All das nur, weil die Lehrer ein falsches Bewußtsein haben? Oder ist es nicht schlicht und einfach so, daß jemand bestimmt, was wir zu sein haben, was wir zu tun haben, was wir zu wissen haben, damit wir einmal gute Glieder dieser Gesellschaft sind?
Schule hat sich noch nie an Kindern orientiert. Schule war noch immer Spiegelbild der Gesellschaft. Schule hatte noch nie einen anderen Auftrag, als Reproduktionsanstalt der bestehenden Strukturen zu sein, und dafür zu sorgen, daß an den Machtverhältnissen nichts verändert wird. Die Schule liefert das Menschenmaterial, das die Mächtigen brauchen, um ihre Macht zu verstärken.

(Aus DIE SANFTE VERBLÖDUNG, Düsseldorf: Hermes, 1985.)

DIE ERBSÜNDE DES ERFOLGS

So ist es. Ist es so? Sind Kinder von Natur aus wundervoll und leider Ton in der Hand der Mächtigen, die diesen Ton deformieren? Wer sind diese Mächtigen, und wie wurden sie mächtig? Spricht die Schuld der Gesellschaft das Individuum von aller Schuld frei? Und wer ist das, die Gesellschaft? Die anderen? Ja. Die Gesellschaft sind immer die anderen.

So ist es, und so ist es nicht. Denn es gibt eine Schuld, die uns verbindet, den Erwachsenen und das Kind. Eine Schuld, die uns verbindet, doch nicht verbünden soll! Ich meine die Erbsünde unseres Erfolges auf diesem Planeten.

Im Gegensatz zu den anderen Arten haben wir, außer uns selbst, keine Feinde. Denn wir haben sie alle ausgerottet. Wir sind die Sieger im grausamsten aller Kämpfe, und die Schule ist nur eine schwache Wiederspiegelung davon. Wir haben schneller gelernt und besser getötet als die anderen. Wir nennen uns selbst die Krone der Schöpfung, die Herren der Erde, die Spitze der Evolution. Sogar als Individuen sind wir die Sieger eines gnadenlosen Wettlaufs, den der Same, der uns im Ei zeugte, vor allen anderen Samen gewann.

Was uns also von allen anderen Tieren unterscheidet, ist der größere Ehrgeiz, die ungehemmtere Aggression, der Wille zur Macht.

Darüber sollten wir ganz offen und sehr früh mit den Schülern sprechen. Und sie fragen, wollt ihr weitergehen auf diesem Weg? Und dann sollten wir den Schülern auch die anderen Wege zeigen, damit jeder sich für den seinen entscheiden kann. Die Wege der verschiedenen Arten. Der Bienen, der Katzen, der Delphine, und so fort. Die Delphine sind ganz besonders wichtig. Kinder mögen Delphine, und Delphine mögen Kinder.

Delphine sind intelligenter als der Mensch. Aber Delphine haben es vorgezogen, ihre Intelligenz nicht als Waffe gegen andere Arten einzusetzen, und auch nicht als Waffe gegeneinander. Delphine haben es vorgezogen, keine Karriere auf unserem Planeten zu machen. Vermutlich sind sie die einzigen Geschöpfe, die ihren Nächsten — ob er nun der eigenen Art oder einer anderen angehört — lieben wie sich selbst. Die einzigen, welche — ist das nicht erstaunlich? — die Bergpredigt leben.

Die Forschung beschäftigt sich seit einiger Zeit intensiv mit diesen geheimnisvollen Delphinen, und die Schulkinder sollten es auch tun. Überhaupt ist es ein Unsinn, etwas über Tiere zu lernen. V o n Tieren zu lernen, darauf käme es an! Auch würde einiger menschlicher Dünkel dabei abgebaut.
Ich denke, neben dem bereits vorgeschlagenen Televisionsunterricht, der alle Tiere mitten ins Klassenzimmer bringt, sollten die Kinder, was sie gewiß gerne tun werden, Tiere spielen. Gemeinsam könnten die Masken der Tiere angefertigt werden, und dabei schon lernten die Kinder mehr, als durch jeden konventionellen Unterricht. Denn jede dieser Masken müßte die wesentlichen Merkmale, die Essenz desjenigen Tieres, das sie darstellt, tragen. Nicht unbedingt naturalistisch! Das Herstellen von Tiermasken regt dann nicht bloß den unterscheidenden Intellekt der Schüler an, sondern auch ihre erkennende Phantasie.
Eigentlich wäre es am besten, jedes Kind spielte irgendwann jedes Tier. Wolf, Schaf, Mensch. Ja, auch das Menschentier bekommt seine Maske, und es wird interessant sein, wie sie bei den einzelnen ausfällt. Die Spiele sollten unter der Obhut des Lehrers spontan erfunden werden, und der fortwährende Rollentausch lehrt die Kinder, die verschiedensten Standpunkte einzunehmen. So erfahren sie nicht nur eine Menge über Tiere, son-

dern auch über sich selbst und die Beziehungen aller Wesen zueinander. Beziehungen, die sie später wesentlich freundlicher, verständnis- und liebevoller gestalten können! Und auch diese hellen Veränderungen können erspielt werden.

Lassen wir die Kinder auch Pflanzen spielen? Warum nicht! Ich bin eine Birke, ich bin eine Sonnenblume, ich bin ein Kohlkopf. Ich bin ein Veilchen, und warum pflückst du mich, kaum daß ich in deine Welt kam? Weißt du nicht, daß du mir weh tust und ich nun sterben muß? Was wünsche ich mir, wenn ich ein Haselstrauch oder eine Brennessel bin, vom Menschen? Was tu ich ihm Liebes, und was kann er mir Liebes tun? So ein Spielunterricht, der noch dazu Freude macht, bietet viel mehr als botanische Information. Mehr auch als die Kenntnis pflanzlicher Wirk- und Heilkräfte, obgleich die von großer Wichtigkeit ist. Aber wenn das Kind aus der Achtlosigkeit, mit der es seinen grünen Geschwistern begegnet, zu zärtlicher Aufmerksamkeit erwacht, ist jedes Lehrziel auf das glücklichste überschritten!

Ich weiß nicht, ob die Kinder von heute noch immer Indianer mögen. Jedenfalls läßt sich von diesen sehr viel über den Umgang mit Tieren und Pflanzen, ja mit unserer ganzen Erde lernen. Und sollten die Kinder nicht überhaupt auch Indianer spielen, Chinese und Neger? Und alle anderen Rassen, um zu entdecken, daß Verschiedenheit etwas Lustiges ist und man nicht mit Haß auf sie reagieren muß.

Am liebsten möchte ich sogar die Dinge, die sogenannten toten Gegenstände, in diesen Spielunterricht einbeziehen. Denn Kinder können nicht früh genug erfahren, daß es — wie die Wissenschaft endlich auch feststellte — keine starren Grenzen zwischen Organischem und Anorganischem, Leblosem und Lebendigem gibt. Der Tisch, die Bank, der Schulranzen — lauter Freunde, erfüllt vom gleichen Sein wie Giraffe, Rose und Mensch. Wir alle leben in einer Welt, die wir selber erschaffen.

Das heißt, daß unsere Aufmerksamkeit immer nur Aspekte einer für uns unerkennbaren Wirklichkeit abstrahiert und diese Aspekte für die ganze, natürliche und soziale Realität hält.

HYMNE DES HEILIGEN PATRICK

„Ich vereine mich heute
mit der Macht des Himmels
mit dem Licht der Sonne
mit dem Weiß des Schnees
mit der Kraft des Feuers
mit dem Leuchten des Blitzes
mit der Geschwindigkeit des Windes
mit der Tiefe des Meeres
mit der Festigkeit der Erde ...“

Aziz NASAFI
(Persischer Mystiker)

„Die geistige Welt ist ein einziger Geist, der wie ein Licht hinter der körperlichen Welt steht, und der, sobald irgendeine einzelne Kreatur das Licht der Welt erblickt, durch sie wie durch ein Fenster hindurchscheint. Gemäß der Art und Größe des Fensters tritt mehr oder weniger Licht in die Welt.“

DAS LENKEN DER AUFMERKSAMKEIT

Das Lenken der Aufmerksamkeit ist die erste und wesentlichste Aufgabe des Lehrers. Und er kann sie nur erfüllen, wenn sein Geist reif dazu ist. Mit irgendeinem Fachwissen hat das überhaupt nichts zu tun. Es genügt nicht, Informationen zu übertragen. Was übertragen werden soll und kann, sind Perspektiven, ist die Fähigkeit zur Wahrnehmung immer größerer Linien, Zusammenhänge, Gestalten. Mit anderen Worten, eine größere Freiheit des Sehens, das normalerweise durch Egoismus und Vorurteile beträchtlich eingeschränkt ist.

Hier werden wir allerdings auf Widerstand stoßen, und zwar auf den leider ernst zu nehmenden Widerstand vieler, wenn nicht fast aller Elternhäuser. Eltern, die auf die Vergangenheit geprägt worden sind und sich nicht selbständig von dieser Prägung befreien konnten, erwarten von der Schule die bestmögliche Vorbereitung auf eine übliche Karriere ihrer Kinder. Die Zeit der üblichen Karrieren ist aber, so scheint es, zum Glück vorbei. Was in der Zukunft zählt, wird nicht mehr der ehrgeizige Sieg im Konkurrenzkampf aller gegen alle sein, sondern die Fähigkeit zu freundlicher Kooperation. Es hat also keinen Zweck mehr, Haifische zu züchten. Was kommt, ist die Zeit der Delphine.

Aber wie macht man das den Eltern klar? Hier wird eine enge und persönliche Zusammenarbeit zwischen Schule und Elternhaus notwendig sein, die viel Toleranz und Geduld von beiden Seiten verlangt. Aber diese Phase, in der das Kind zwischen zwei Zeiten, zwischen zwei Phasen des Bewußtseins — dem des Elternhauses und dem der Schule — zerrissen zu werden droht, wird kaum länger als einige Jahre dauern. Denn Ideen sind ja, wie

Krankheiten, äußerst ansteckend. Und vielleicht denken ohnedies schon viele Eltern wie wir?
Jedenfalls, das Lenken der Aufmerksamkeit muß notwendigerweise auch auf sie erstreckt werden. Und so sollte ein neuer Elterntag eingeführt werden, an dem Väter und Mütter am Unterricht ihrer Kinder teilnehmen können, und an dem alle — Eltern, Lehrer und Schüler — ihre Probleme als gleichberechtigte Partner besprechen.

Nein, die Gewalt der Autorität ist in diesen Gesprächen nicht erlaubt. Wohl aber die Verführung durch den brillanteren Geist!

David BOHM

„Wir erleben eine Zeit wachsender Gewalttätigkeit; die Gefahr eines Krieges ist nur ein Aspekt davon. Die Tendenz wächst, Fragen nicht durch Diskussion oder Kommunizieren zu lösen, sondern durch Gewalt. Die Atombombe ist dafür ein extremes Beispiel, offensichtlich. Was ist der Ursprung der Gewalt? Es gibt sie ja schon lange und ich denke nicht, daß man sie leicht durch oberflächliche Kommunikation wird ändern können. Ich glaube, Gewalt ist in einer bestimmten Art, zu denken, begründet; sie wurzelt in der Überzeugung, was immer man meint, sei richtig, wahr, unbedingt notwendig, so und nicht anders, und deshalb habe man die völlige Berechtigung, alles zu tun, was nötig ist, um es durchzusetzen. Das Problem liegt also an einem bestimmten Denkstil, und sogar viele Menschen, die gegen Gewalt sind, denken so.
Ich meine, letztendlich müssen wir der Gewalt an ihrer Wurzel zu Leibe rücken, bei diesem Denkstil, der nur daran orientiert ist, daß die eigene Gruppe oder die eigene Person das kriegt, was sie will; wir müssen fähig werden, gemeinsam zu denken, zu diskutieren und zu einem Konsensus zu kommen, und nur das wird schließlich Frieden bewirken."

(Aus der Abschlußdiskussion ANDERE WIRKLICHKEITEN, München: Dianus- Trikont, 1984.)

Stephan WALTER

Stellt sich die Terrorismus-Frage aus gallischer Sicht ganz anders als aus römischer? Wie könnte der Gallische Krieg aus der Perspektive der Gallier aussehen? Oder gab es für die Gallier überhaupt keine Perspektive?
Die Ankündigung, daß in der Klasse des Gymnasiums demnächst Cäsars „De Bello Gallico" als lateinische Lektüre durchgenommen werde, hatte beim Elternabend da und dort Euphorie ausgelöst. Die Eltern hatten das Gefühl, daß mit der Lektüre von Cäsars berühmtem Werk die humanistische Bildung erst so recht ihren Anfang nehme.
Auf dem Weg zum Parkplatz hörte ich neben mir einen tiefen Seufzer. Es war der junge Lateinlehrer. „Sie seufzen", fragte ich gutgelaunt. „Warum denn? Ist es nicht schön, daß Texte, die zweitausend Jahre alt sind, noch immer Begeisterung auslösen können?"
„Eine falsche Begeisterung", erwiderte der frischgebackene Studienrat betrübt.

„Wieso, wie meinen Sie das?" fragte ich verwirrt.
„Überlegen Sie mal, dieser Mann Cäsar war doch in Wahrheit ein Massenmörder."
„Wie bitte?"
„Der ganze Gallische Krieg ist nichts anderes als das detaillierte Zeugnis der Vernichtung, und zwar der Vernichtung eines ganzen Volkes. Wirtschaftshistoriker nehmen heute an, daß der ruhmreiche Cäsar eine Million Gallier getötet oder in die Sklaverei verkauft hat."
Ich blickte den Altphilologen von der Seite an. Er trug einen Bart und eine randlose Brille, was in gewisser Hinsicht die Gesichtstracht linker Studenten ist. „Das wollen Sie aber hoffentlich nicht den Kindern erzählen", sagte ich.
„Ich nicht", erwiderte der Studienrat trocken, „das besorgt er selbst, Cäsar, das Genie, das durch die Jahrtausende strahlt. Er hat doch diesen größten Völkermord der Antike selbst in allen Einzelheiten beschrieben, und wir werden uns laut Lehrplan eingehend mit den grammatikalischen Feinheiten dieses Berichts befassen."
„Aber ich bitte Sie, das war ein antiker Krieg —"
Er unterbricht mich: „Es war ein unerklärter Krieg, ein imperialistischer Überfall, eine quasi industrielle Unternehmung zur Gewinnung von Energie, nämlich von Sklaven. Sklaven waren im Altertum das, was heute das Öl ist, Betriebsstoff für das Imperium, nicht mehr und nicht weniger."
Empörung keimte in mir auf. „Sie wollen doch nicht behaupten, daß Cäsar, der Mann, der unseren deutschen Kaisern den Namen gegeben hat, Cäsar — Caiser — Kaiser, das ist ja bekannt, — also ich glaube, das sehen Sie zu überspitzt."

Wir waren bei den abgestellten Autos angekommen. Der Lehrer blieb stehen, die Straßenlaterne beleuchtete sein bärtiges Gesicht. „Lesen Sie doch mal selbst", sagte er, „nehmen Sie eine Übersetzung und lesen Sie selbst, wie dieser Mann Frauen und Kinder und Greise abschlachten ließ zu zehntausenden, wie er Geiseln nahm und ganze Stämme von der Landkarte Galliens tilgte. Was soll ich den Schülern sagen — Sie wissen doch, wie kritisch sie heute sind —, wenn sie fragen, warum wir in der Schule einen solchen Völkermord verherrlichen?"
„Von Verherrlichen kann wohl nicht die Rede sein", wehrte ich ab, nun doch einigermaßen erschüttert, denn Völkermord hatte ich im Bellum Gallicum noch nie gesehen.
„Doch, doch, Cäsar liefert die Beweise ja selbst in seinem Text. In Rom strengte die demokratische Opposition damals sogar ein Verfahren wegen

Völkerrechtsverletzung gegen ihn an, weil er die Barbarenhäuptlinge zu Verhandlungen in sein Lager einlud und sie dann hinterrücks festnehmen ließ." Der Lateinlehrer geriet in Eifer. „Seine Söldner legte er bei kleinen Stämmen ins Winterquartier. Wissen Sie, was das heißt? Die Legionäre haben alles aufgefressen und den Galliern blieb die Wahl, entweder zu verhungern oder zu kämpfen. Wer kämpfte, wurde niedergemacht, die anderen als Sklaven verkauft. Aus dem Erlös hat Cäsar seine Schulden bezahlt und die wahlberechtigte Bevölkerung von Rom bestochen.

„Na ja, das war eben üblich damals", sagte ich trotzig, „vae victis, wehe den Besiegten."

Der Lehrer trat zu seinem Wagen, er zog den Autoschlüssel aus der Tasche: „Sagen Sie das mal den Schülern! Die sind nicht dumm. Die sehen das als eine Art Endlösung der Gallierfrage, und recht haben sie."

„Aber es heißt, Cäsar habe die sittliche und politische Wiedergeburt des Römischen Reiches — die pontinischen Sümpfe, die er trockengelegt hat", fiel mir ein.

Der Lehrer schloß die Wagentür auf, seine Stimme hatte einen ironischen Unterton, als er sagte: „Ich will dem ruhmreichen Feldherrn seine pontinischen Sümpfe nicht nehmen, wir müssen Adolf Hitler ja auch seine Autobahnen lassen."

„Jetzt übertreiben Sie aber", entfuhr es mir.

„Keineswegs", sagte der Studienrat. „Im übrigen denken Sie an die Schüler. Für die ist die Trockenlegung von Feuchtgebieten im großen Stil heutzutage auch keine Ruhmestat mehr, sondern Umweltzerstörung. Gute Nacht."

Er stieg ein, klappte die Wagentür zu und ließ den Motor an. Während der Lehrer davonfuhr und mich im Abgasqualm stehen ließ, kam mir unwillkürlich SHAKESPEARE in den Sinn: Aber Brutus war ein ehrenwerter Mann. War Brutus am Ende wirklich ein ehrenwerter Mann? Hatte dieser antike Terrorist womöglich doch gewichtige Gründe gehabt, eine Verschwörung gegen den ruhmreichen Cäsar anzuzetteln? Aber nein, ich schob den Gedanken beiseite, Julius Cäsar einfach zu ermorden, das war doch schließlich auch keine Lösung . . .

(Aus EIN GENOCID MACHT SCHULE — WAR ABER JULIUS EIN EHRENWERTER MANN? — In: KELTISCHES BEWUSSTSEIN, München: Dianus-Trikont, 1985.)

GAIUS JULIUS CÄSAR

„. . . und die gesamte Bevölkerung dieser Stadt verkaufte ich. Von den Käufern wurde mir in der Rechnung 53.000 als Kopfzahl angegeben."

„. . . ergaben sich (die Veneter) mir mitsamt ihrer Habe. Ich . . . ließ den ganzen Senat hinrichten und die übrigen als Sklaven verkaufen."

„. . . verschonten (die Legionäre) weder Frauen noch Kinder noch Greise. Kurz, von der ganzen Zahl von 40.000 entkamen achthundert."

„. . . Zugleich sollte der Stamm von großer Übermacht eingeschlossen und sein Name ausgelöscht werden."

„. . . so hieben wir ohne jede Gefahr für uns so viele von ihnen nieder, als es am Tage noch möglich war."

„Gaius Trebonius schickte ich . . . in das Gebiet der Atuatucer, es zu entvölkern . . ."

„Die Menapier . . . hatten als einzige von ganz Gallien noch niemals zu mir Gesandte geschickt und um Frieden gebeten . . . ich marschierte mit fünf schlagfertigen Legionen (ca. 30.000 Mann, Anm. d. Verf.) in ihr Gebiet. Sie flohen, ohne eine Mannschaft ausgehoben zu haben, im Vertrauen auf den Schutz des Geländes in die Wälder und Sümpfe und brachten auch ihre Habe dorthin. Ich . . . ließ schnell Brückendämme fertigen und rückte in drei Abteilungen an, äscherte Gehöfte und Dörfer ein und erbeutete Menschen und Vieh in großer Menge . . ."

(Aus DER GALLISCHE KRIEG, zitiert n. Goldmann-Klassiker 7507.)

DIE WELT IST EIN PROZESS

Nichts bleibt, was es war. Alles wandelt sich, auch die Botschaft.

Wenn wir die Welt, uns selbst und natürlich auch die Schule als Prozesse betrachten, und zwar als Prozesse in einem Prozeß, werden wir uns gegen den Wandel nicht wehren. Wirklich nicht? Nun ja, es gehört wohl zum Wesen jeder Gestalt, materiell oder immateriell, an sich selbst festzuhalten. Darum ist der Widerstand gegen Reformen und überhaupt gegen alles Neue so groß.
Identität bedeutet Gleichheit mit sich selbst und ist natürlich ein Unsinn. Wann wären wir je gleich mit uns selbst geblieben? Stellen wir uns bloß die physische Biographie eines Menschen vom Embryo bis zum Leichnam vor!
Auch dies ist ein Spiel, das Kinder spielen sollten. Das Spiel der Verwandlungen. Hat man sie nicht rechtzeitig in dieses Spiel eingeweiht, werden sie im Lauf ihres späteren Lebens immer tiefer erschrecken.
Wann sollen wir damit beginnen, sie die uralte Gleichung „Sein = Werden“ zu lehren? Ich weiß es nicht, und ich weiß nicht einmal, wann sie Lesen, Schreiben, Rechnen und die Bruderschaft dieser Welt begriffen haben werden. Ich vermute, sehr früh. Aber dies werden die Psychologen klären, und das Experiment.
Aber die Gleichung ist wichtig! Sein = Werden, und Werden = Sein. Viel wichtiger, als ob zwei mal zwei vier ist oder fünf. Film und Television mit ihren Möglichkeiten der Zeitraffung mögen ihnen die fließende Gestalt zeigen, und das Individuum — sei es nun Stern, Pflanze, Mensch oder Tier — als Prozeß.
Und zwar als Prozeß ohne Ende, und ohne Anfang. Jedenfalls sind wir noch sehr weit davon entfernt, Anfang

und Ende, falls es sie gibt, zu erkennen.
Auch die Wissenschaften sind natürlich Prozesse, schneller oder langsamer fließende Gestalten, und es ist ein glattes Verbrechen, sie den Schülern als Endgültigkeiten zu servieren. Wir müssen einfach die Sicherheit mit dem Staunen vertauschen, und das Ziel mit dem Weg. Nur dann wird Wissen nicht zum das Fließen der Persönlichkeit hemmenden Geröll.

Jetzt kommt das Problem der Autorität. Wie soll sie der Lehrer behalten, wenn das, was er lehrt, heute stimmt, und morgen nicht mehr? Wenn er nicht identisch zu bleiben vermag mit dem, was er lehrt, weil es ihn überholt?
Nun, vielleicht müssen wir uns von den alten Weltbildern trennen. Nicht, weil sie falsch waren. Innerhalb gewisser Grenzen haben sie, wie Newtons Physik, durchaus gestimmt. Doch sind wir gerade dabei, diese Grenzen zu überschreiten. Und nicht bloß in der Physik. Wissenschaften sind ja niemals von der menschlichen Seele und ihrer Geschichte zu trennen, und in diesem Sinne stets subjektiv.
Wie sagen wir aber den Schülern, daß alle Informationen, die wir ihnen geben, nur begrenzt stimmen, und sagen wir ihnen das überhaupt? Ja, unbedingt! Denn die Schule weiht sie nicht in das Faktum der Welt, sondern in das Spiel dieser Welt ein. Ein Spiel, das seine Regeln nur zum Teil immer wieder bestätigt, und das zum Teil aus Überraschungen besteht. Ist es, so werden wir die Schüler fragen, nicht viel lustiger, ein Spiel mit Überraschungen zu spielen?
Kinder erfahren eine physische und emotionelle Geborgenheit. Erfahren sie diese nicht, wird ihre Psyche gestört. Und wie verhält es sich mit der intellektuellen, ja mehr noch, der geistigen Geborgenheit? Werden sie nicht Schaden an einer Wahrheit nehmen, die nirgendwo feststeht sondern stets fließt?

Wir müssen also, das ist sehr wichtig, für eine andere Art der Geborgenheit sorgen. Oder vielmehr, die neue Wissenschaft hat bereits für sie gesorgt. Die neue Wissenschaft, die der alten Mystik immer ähnlicher wird. Und genau diesen Bogen sollte der Unterricht spannen. Wir alle sind, werden wir den Schülern sagen, Wellen im Meer. Das Meer ist die Geborgenheit. Und dann werden wir ihnen von den Namen erzählen, die der Mensch im Laufe der Zeit diesem Meer gab. Gott, Geist, Ganzheit, Energie, Relativitätstheorie, Quantentheorie, implizite Ordnung. Und so fort.

Wir müssen die kleinen Seelen wieder in der Ganzheit verankern, und in der Bewegung selbst.

„Die Welt? Ein Prozeß, eine kosmische Handlung. Es gibt keinen Menschen. Es gibt nur seine Wandlung!"

So schrieb ich ins Programmheft des Theaters in der Josefstadt, als meine „Vanillikipferln", zu denen dieser Text nicht im geringsten paßte, am Kleinen Haus uraufgeführt wurden. Ich glaube, 1963. „Das war aber früh", sagte Fritjof Capra, als ich ihm letztes Jahr davon erzählte.

Heraklit hat noch viel früher gewußt, daß alles fließt.

Fritjof CAPRA

„Vor fünf Jahren hatte ich ein wunderbares Erlebnis, worauf ich den Weg einschlug, der zum Schreiben dieses Buches führte. Eines Nachmittags im Spätsommer saß ich am Meer und sah, wie die Wellen anrollten, und fühlte den Rhythmus meines Atems, als ich mir plötzlich meiner Umgebung als Teil eines gigantischen kosmischen Tanzes bewußt wurde. Als Physiker wußte ich, daß der Sand und die Felsen, das Wasser und die Luft um mich her sich aus vibrierenden Molekülen und Atomen zusammensetzten. Diese wiederum bestehen aus Teilchen, die durch Erzeugung und Zerstörung anderer Teilchen miteinander reagieren. Ich wußte auch, daß unsere Atmosphäre ständig durch Ströme kosmischer Strahlen bombardiert wird, Teilchen von hoher Energie, die beim Durchdringen der Luft vielfache Zusammenstöße erleiden. All dies war mir von meiner Forschungstätigkeit in Hochenergie-Physik vertraut, aber bis zu diesem Augenblick beschränkte sich meine Erfahrung auf graphische Darstellungen, Diagramme und mathematische Theorien. Als ich an diesem Strand saß, gewannen meine früheren Experimente Leben. Ich ‚sah' förmlich, wie aus dem Weltraum Energie in Kaskaden herabkam und ihre Teilchen rhythmisch erzeugt und zerstört wurden. Ich ‚sah' die Atome der Elemente und die meines Körpers als Teil dieses kosmischen Energie-Tanzes; ich fühlte seinen Rhythmus und ‚hörte' seinen Klang, und in diesem Augenblick wußte ich, daß dies der Tanz Schivas war, des Gottes der Tänzer, den die Hindus verehren."

(Aus DER KOSMISCHE REIGEN, Bern: O. W. Barth, 1977.)

Richard Maurice BUCKE

„Völlig unvermittelt fühlte er sich von so etwas wie einer flammenden Wolke erfaßt. Im ersten Augenblick dachte er an eine plötzliche Feuersbrunst in der Stadt, doch dann erkannte er, daß dieses gleißende Licht aus seinem eigenen Innern hervorgebrochen war. Von Frohlocken gewiegt, von Seligkeit durchflutet, erfuhren seine Verstandeskräfte jene totale Durchlichtung, die mit Worten unmöglich wiederzugeben ist. Es war Brahmas Glanz, der seinen Geist für die Dauer eines Augenblicks blitzartig erleuchtete und der seitdem nicht aufgehört hat, ihm ein Licht auf seinem Lebensweg zu sein. Unter anderem schaute und erkannte er, daß der Kosmos keine tote Materie, sondern lebendige Gegenwart ist; daß die menschliche

Seele unsterblich ist; daß das Grundprinzip der Welt das ist, was wir Liebe nennen, und daß die Seligkeit eines jeden letzten Endes eine Gewißheit ist. Der Autor weiß, daß er in den kurzen Augenblicken der Erleuchtung mehr lernte als in allen vorangegangenen Jahren, und daß sie ihm darüberhinaus so manches erschloß, das ihm kein Studium je hätte beweisen können."

(Aus DIE ERFAHRUNG DES KOSMISCHEN BEWUSSTSEINS, Freiburg: Aurum, 1975.)

Teilhard de CHARDIN

„Gewiß, von der Zelle bis zum denkenden Lebewesen, wie vom Atom zur Zelle, setzt sich derselbe Prozeß ununterbrochen und immer in derselben Richtung fort (Erhitzung oder Konzentration des Psychischen). Doch eben auf Grund der Beständigkeit dieses Geschehens ist es physikalisch gesehen unvermeidlich, daß gewisse Sprünge das dieser Wirkung ausgesetzte Subjekt jäh verwandeln."

(Aus DER MENSCH IM KOSMOS, München: C. H. Beck, 1959.)

John WHEELER

„Ich glaube, daß wir durch unseren eigenen Akt des bewußten Auswählens und Stellens von Fragen über das Universum bis zu einem gewissen Grad das hervorbringen, was vor unseren Augen geschieht."

(Aus THE PRINCETON GALAXY, Intellectual Digest, 1973.)

George LEONARD

„Wenn wir unseren Körper als eine Struktur aus massivem, unbeeinflußbarem Fleisch und Knochen ansehen, können wir ihn höchstens zerschneiden oder unter Drogen setzen oder ihn sonstwie von außen her manipulieren. Entwerfen wir lieber ein anderes Bild — betrachten wir den Körper als Rhythmus und Leere, als graziöse, ätherische Felder von Wellen, die in un-

zähligen Rückkoppelungsschleifen miteinander verbunden sind, um eine relativ stabile Struktur aufrechtzuerhalten. Gedanken und Gefühle können in dieser Struktur eine spezielle Resonanz auslösen; die tiefere Resonanz, die ich als Intentionalität bezeichnet habe, kann innerhalb von Tagen, Stunden, ja manchmal Minuten Veränderungen hervorrufen. Wir haben es nun nicht mehr mit Fragen des ‚Innen' oder ‚Außen' zu tun, denn diese einschränkenden Kategorien existieren in der Sphäre der pulsierenden Wellen nicht. Jeder Körper vervollständigt das Universum und nimmt an der universellen Evolution teil.
Ebenso können wir uns die Geschichte nicht in der Form einer Kette, sondern in Form dahinstürmender Wellen vorstellen, die sich in der Zeit entfalten und neue Informationen hervorbringen, neue Optionen – ‚Wunder', wenn man so will."

(Aus DER RHYTHMUS DES KOSMOS, Bern: Scherz, 1983.)

David BOHM

„Nicht nur ist alles im Wandel, sondern alles i s t Fluß. Das was ist, ist demnach der Prozeß des Werdens selbst, während alle Gegenstände, Ereignisse, Wesen, Umstände, Strukturen usw. Formen sind, die von diesem Prozeß abstrahiert werden können.
... Intelligenz und materieller Prozeß haben – einen einzigen Ursprung, der letztlich die unbekannte Totalität des universellen Flusses ist. Dies bedeutet –, daß das, was man gemeinhin Bewußtsein und Materie nennt, Abstraktionen vom universellen Fluß sind und daß beide als verschiedene und relativ autonome Ordnungen innerhalb der einen ganzen Bewegung betrachtet werden müssen.
... Ob nicht das Denken eine Art ‚Tanz' des Geistes ist, der in bezeichnenden Schritten erfolgt und, wenn er richtig ausgeführt wird, in eine Art harmonischen und geordneten Gesamtprozeß des Lebens im ganzen einfließt und damit verschmilzt."

(Aus DIE IMPLIZITE ORDNUNG, München: Dianus-Trikont, 1985.)

DER LEHRER ALS TÄNZER

Der Lehrer soll, statt ihn zu dressieren, mit dem Geist des Schülers tanzen, und in diesem Tanz gibt es keine Trennung zwischen Bewußtsein und Materie. Wird dieses Programm nicht beide, Lehrer und Schüler, überfordern?

Ich weiß es nicht. Man muß es einfach probieren. Es gibt eine Politik, auch eine Schulpolitik, der kleinen Schritte. Und es gibt eine Politik des großen Sprungs. Die Quantenphysik belehrt uns, daß Sprünge das Natürliche sind.

Ich schlage vor, beides zu versuchen. In zwei Reihen, oder abwechselnd in der gleichen. Am liebsten würde ich eine Schulwerkstatt einrichten, einen Ort des permanenten Experiments. Natürlich müßten die Schüler sich ihm freiwillig stellen. Das einzige Risiko, das sie dabei eingehen würden, wäre eine außergewöhnlich elitäre Erziehung.

Dazu gehört aber ein Quantensprung der Schule! Ihre Aufgabe kann nicht mehr die autoritäre Austeilung enzyklopädischen Wissens sein. Ihre Aufgabe ist die Bewußtseinserweiterung des Schülers!

Wie ich mir das praktisch vorstelle? Nein, keine Drogen. Ich habe nichts gegen ihre rituelle oder therapeutische Anwendung, sie ist schließlich in allen Kulturen erfolgreich integriert. Erfolgreich allerdings nur im Fall alter Symbiosen zwischen Psyche und Halluzinogenen, die dort eingenommen werden, wo sie wachsen, nach magischen Mustern spiritueller Tradition. Und genau diese spirituelle Tradition vermisse ich an unseren heimischen Drogen Wein, Bier und Schnaps. Statt mit dem geheimnisvollen Geist der Pflanzen zu kommunizieren, konsumieren wir Waren, und so machen sie uns nicht sehend, sondern blind.

Aber warum sollten die Schüler nicht anstelle des Turnunterrichts auf die Wiese gehen und dort die Kräuter kennenlernen, die unseren Leib heilen, unser Gemüt trösten, unseren Geist erhellen? Johanniskraut vertreibt den Trübsinn, Borretsch macht fröhlich, Basilikum stimuliert das Nervensystem, die Sumpfstaude schenkt ein leichtes Herz. Gamander und Milchdistel regen den Geist an, Mistelzweige entstören den Raum, Waldmeister läßt uns schön träumen, und so weiter, und so fort. Ja, und erst die Baum-Heilkunde! Bäume können unsere großen Freunde sein, unsere Lehrer und Helfer. Wir können sie umarmen, um Kraft bitten, ihnen unser Leid klagen. Der Schüler sollte die Geschichte jedes Baumes erfahren, und seine Geschichten. Brauchtum, Zauber, Mythologie. Der botanische Unterricht kann zum Abenteuer der Seele werden — und warum, zum Teufel, wird er es nicht?

Gebet, Kontemplation, Meditation. Wieso sollte das nicht in die Schule gehören? Uralte Techniken, um mit verborgenen Teilen unserer selbst zu kommunizieren. Oder, was praktisch dasselbe ist, mit einer verborgenen Welt.

Allerdings haben wir unsere Gebete säkularisiert, unseren Wünschen und Ängsten dienstbar gemacht, und so verbinden sie uns nur mehr mit diesen. In der Schule sollten wir das ursprüngliche Gebet wieder erlernen, dieses schweigende Sichöffnen dem Licht.

Überhaupt sollten die Schulen für den Schüler eine Entdeckungsreise nach beiden Richtungen werden, in die äußere und die innere Welt. Dazu gehört auch die Entdeckung und Anwendung seiner eigenen Energien.

Wir können Programme erfinden, seine Phantasie, die ja ein Wahrnehmungsorgan ist, zu erwecken. Aber probieren wir zuerst die Programme aus, die es schon gibt!

Jean HOUSTON

„Im Jahre 1965 gründete ich zusammen mit meinem Mann Robert Masters die Foundation for Mind Research in New York mit dem Ziel, so viele Methoden wie möglich wiederzufinden und aufzudecken, um damit die Natur und das Ausmaß der menschlichen Fähigkeiten erforschen zu können. Zu Beginn unserer Versuchsreihen verschafften wir uns einen Überblick über Kultur und Geschichte und über die Vielfalt der Vorstellungen vom Menschen, wobei wir vor allem jene Erfahrungsmodelle berücksichtigten, die traditionell die größte Bereicherung bedeuteten, insofern als sie positiv sind und keine ernsthaften Gefahren für die Person darstellen oder sich anderweitig nachteilig auswirken könnten. Ferner stellten wir Untersuchungen über jene Fähigkeiten an, die in verschiedenen Kulturen vergangener Zeitepochen einen hohen Stellenwert besaßen, währenddem sie beim heutigen Durchschnittsmenschen gar abgeblockt werden.
Während der nächsten siebzehn Jahre kamen wir durch diese Überlegungen zur experimentellen Erforschung von mehr als tausend Einzelthemen. Unser Interesse galt in erster Linie empirischen Studien über veränderte und erweiterte Bewußtseinszustände, alternative Wahrnehmungsformen und neue Lerntechniken. Wir untersuchten die Möglichkeiten des bildlichen Denkens, des kinästhetischen Denkens, der Zeitverzerrung, der Beschleunigung geistiger Prozesse, der sensorischen Verstärkung, der Modulation von Freude und Schmerz und das Wesen des kreativen Prozesses und seine Förderung. Bereichert wurde diese Arbeit durch eine Vielfalt von sowohl sehr neuen als auch sehr alten Techniken: die Einbeziehung von Traumzuständen und Träumen, die willkürliche und bewußte Steuerung unwillkürlicher physiologischer Zustände (zum Beispiel Herzschlag, Hirnwellen, Hauttemperatur) mit Hilfe von Biofeedback und autogenem Training, ja selbst die Herbeiführung religiöser und anderer Grenzerfahrungen sowie viele andere Varianten angeborener Fähigkeiten von Körper und Geist, die bei den meisten Menschen zwar vorhanden sind, jedoch nur selten genutzt werden. Da es sich ausnahmslos um Erfahrungen und Fähigkeiten handelt, die von denjenigen, die Zugang zu ihnen hatten, hoch eingeschätzt wurden, gingen wir davon aus, daß sie auch von den freiwilligen Teilnehmern unserer Forschungsprogramme als nützlich erachtet würden. Bei unseren anfänglichen Versuchen ging es darum, Möglichkeiten zu finden, die Augen zu öffnen und den Geist unserer Versuchsperson von seinen Fesseln zu befreien. Bei unseren Besuchen in unterschiedlichen Gesellschaften überall auf der Welt, bei der Erforschung von Zeit und Geschichte, bei eingehender Untersuchung von orthodoxen und esoterischen

Traditionen sowie von Methoden, mit den menschlichen Möglichkeiten anderer Kulturen zu arbeiten, stießen wir auf viele Verhaltensmuster, die Jahrtausende hindurch von Menschen benutzt worden waren, um die Aufmerksamkeit auf das Spektrum des Bewußtseins zu lenken. Durch diese wurde es möglich, die Sensibilität zu steigern, Lösungen zu finden, Reisen ins Innere zu unternehmen, nach Einsichten zu suchen und Visionen zu verwirklichen. Durch Mittel wie Tanzen, Trommeln, Singen, Fasten oder durch die Teilnahme an der Vielzahl von psychophysischen und psychospirituellen Übungen, haben die Menschen gelernt, bis zu ihren Grenzen vorzudringen, dort die bekannten Gefilde zu verlassen und Neues aus den unbekannten Bereichen zurückzubringen.
Und so verbanden wir Prozesse aus alter Zeit mit modernen Forschungsmethoden, und gelegentlich entwickelten wir sogar mechanische und elektronische Vorrichtungen, mit deren Hilfe wir verschiedene Bewußtseinsphänomene auslösten. Um eine breitere Basis für unsere Nachforschungen zu schaffen, untersuchten wir auch die Möglichkeiten zur Erweiterung und Verfeinerung der Sinnes- und Wahrnehmungsfähigkeiten und zur Selbstmodulation von Freude und Schmerz. Dies führte uns immer tiefer in den Bereich, der zum Schwerpunkt unserer Forschung werden sollte, nämlich die Untersuchung des Körper-Geist-Kontinuums. Wir entdeckten, was vor uns schon viele andere entdeckt hatten, daß es nämlich unmöglich ist, die geistigen, psychologischen und spirituellen Fähigkeiten erfolgreich und dauerhaft auszubauen, wenn nicht gleichzeitig auch auf eine Erweiterung der physiologischen Fähigkeiten hingearbeitet wird ...

... Wir suchten zunächst nach schon vorhandenen Systemen, die mehr auf eine psychophysische als auf eine physische Erziehung ausgerichtet sind, das heißt, Systeme, die nicht die Trennung von Körper und Geist vornehmen oder die Bedeutung des Bewußtseins außer acht lassen, sondern statt dessen versuchen, mit jener Einheit von Körper und Geist zu arbeiten, die erst den Menschen ausmacht.
Im weiteren Verlauf konnten wir Studien über die Bildsprache und die Kreativität in Übungen miteingliedern, deren Sinn es war, Körperbewegung und Körperbewußtsein zu verbessern und weiter auszubauen. Ein Teil der psycho–physischen Arbeit bestand darin, sich in veränderten Bewußtseinszuständen Bilder vorzustellen und mit beschleunigten Geistesprozessen umzugehen. So ist es zum Beispiel möglich, daß man in ein oder zwei Minuten, die subjektiv als eine Stunde erlebt werden, Ergebnisse erzielt, die einer tatsächlichen Körperarbeit von einer Stunde entsprechen. Auch wurde sehr bald deutlich, daß – Schüler, die an den psycho–physi-

schen Übungen teilnahmen, umfassender und müheloser lernten, die im Inneren bereitgehaltenen Potentiale freizusetzen und zu nutzen, beispielsweise die Steigerung des Erinnerungsvermögens, die Fähigkeit, auf mehreren Ebenen gleichzeitig zu denken, ja selbst die Fähigkeit, willkürlich die symbolischen und mythischen Dimensionen des Selbst zu erschließen. Es ist bezeichnend, daß moderne Forscher gerade jetzt das wiederentdecken, was die frühen Sanskrit—Philosophen, die sich mit den psycho—physischen Zusammenhängen befaßten, schon immer wußten, daß nämlich der Schlüssel zu transpersonalen Realitäten in der Erweiterung der physischen Wahrnehmungsfähigkeit lag.

Nach und nach zeigte es sich, daß auf Grund des Diffusionseffektes im Gehirn die Tätigkeit des motorischen Gehirnzentrums durch psycho—physische Erziehung sich dahingehend entwickelt, die angrenzenden Nervenstränge zu enthemmen und zu aktivieren, selbst jene, die mit komplexen geistigen Prozessen und mit Intuition zu tun haben. Als eine interessante Ergänzung zu dieser Art von Forschung fanden wir heraus, daß man lernen kann, direkt zu seinem Gehirn zu ‚sprechen' und dabei an der bewußten Komposition von Stimmung, Haltung, Lernen und Kreativität teilzunehmen. In diesen komplexen, evokativen Verfahren — sind Bewegungen, Bildvorstellungen, starke Konzentration und kreativer Wille in Übungen integriert, die offensichtlich die stärksten Auswirkungen auf die Neugestaltung unseres körperlichen und seelischen Lebens haben. Diese Übungen, die zu den modernsten und kompliziertesten unserer Entdeckungen zählen, beinhalten die Überbrückung und Integration von rechter und linker Gehirnhälfte, von älteren und neueren Nervensystemen, von Intelligenz und Bewußtsein. Wir bezeichnen sie daher als ‚Evolutionsübungen' und meinen damit, daß die latenten Möglichkeiten der Conditio humana dabei stärker hervorgerufen und für die bewußte Nutzung zugänglich gemacht werden.

Als sich die Neuigkeiten über unsere Forschungen verbreiteten, wurden wir gebeten, in vielen Bereichen, in denen soziale und institutionelle Veränderung notwendig ist, unsere Arbeit praktisch vorzuführen. Dazu gehörten auch schulische Programme, bei denen Kinder lernten, wie sie mit einem wesentlich größeren Spektrum ihrer eigenen sensorischen und kognitiven Möglichkeiten lernen können. In unseren Programmen lernt das Kind, sowohl in Bildern als auch in Worten zu denken; wir zeigen ihnen, wie sie mit rhythmischen Mustern das Buchstabieren oder selbst die Arithmetik erlernen können, wie sie mit ihrem ganzen Körper denken und beide Gehirnhälften gebrauchen können. Da zu einer breitgefächerten Erziehung und Ausbildung auch stets ein umfassendes Kunstprogramm gehört, trugen wir dazu bei, kunstbezogenes Lernen in den Schulen zu fördern und überall in den Vereinigten Staaten und in Kanada wieder in den Unterricht aufzunehmen ...

... Unsere Programme, die als eher formale Versuche begonnen hatten, um unsere wissenschaftlichen Erkenntnisse an die Öffentlichkeit zu bringen, nahmen sehr bald andere Dimensionen an. Sie enthielten tanzende, schwingende und oft ungemein komische Rhythmen des Erwachens, durch die die Teilnehmer an die Grenzen ihrer Existenz getragen wurden, dort alte Einstellungen überprüften, neue fanden, und zu einer Vision dessen, was sie schließlich sein könnten, gelangten."

(Aus DER MÖGLICHE MENSCH, Basel: Sphinx, 1984.)

DIE WELT IST EINE LEBENDIGE GANZHEIT

Das Kind auch. Und dann werden beide, Welt und Kind, in lauter verschiedene Teile zerschnitten. In Teile, die ohne Zusammenhang bleiben, einander fremd werden, ja sogar Feinde.

Aber diese Zerstückelung, woran nur erinnert sie uns? Richtig, an die Zauberpriester der Vergangenheit, die Schamanen. Wer durch eine psycho—physische Krise, die als Krankheit auftrat, zum Schamanen berufen wurde, verlor seine Gestalt. Wurde auseinandergerissen, zerstückelt — und neu zusammengesetzt. Erfuhr Tod und Auferstehung. Und hatte er sie erfahren, konnte er fortan schamanisieren. War Seher, war Heiler, und seine Seele bewegte sich zwischen den Welten. Dem Dies- und dem Jenseits, dem Reich der Lebendigen und der Toten. Oder der linken und rechten Hemisphäre seines Gehirns.

Aber es gab stets nur wenige Schamanen, und warum zerstückeln wir jedes Kind? (Die paar Berufenen zerstückeln wir nicht nur, wir sperren sie auch in psychiatrische Anstalten ein, doch das ist ein anderes Kapitel der Schande.) Wir zerstückeln es also, und diese Barbarei nennen wir Bildung. Aber wir setzen es nicht neu zusammen! O nein, dem Tod in der Schule folgt keine Auferstehung.

Könnte ihm nicht eine folgen? Wäre das nicht eine Vision der Schule, für die jeder Kampf lohnt und jede Niederlage? Denn nicht von der Ausbildung sondern von der Ein-Bildung hängt unsere Zukunft ab, von der Ein-Bildung anderer Wirklichkeiten, denn diese hier stirbt, und wir sterben mit ihr.

Die Welt also ist eine lebendige Ganzheit und als solche

mehr als die Summe ihrer Teile. Nicht nur mehr, sondern etwas völlig anderes! Statt sie künstlich in einzelne Lehrfächer zu kanalisieren, sollten die Schüler lernen, sie als Hierarchie von einander enthaltenden Systemen zu betrachten.

Eigentlich gibt es nur eine einzige Hierarchie, die Hierarchie der Erleuchtung. Und so hat Hierarchie nichts mit Macht zu tun, und auch nichts mit Organisation. Was wir als immer größere Macht, als immer feinere Organisation der Materie wahrnehmen, ist nichts anderes als die Spirale unseres eigenen erkennenden Geistes.
Was dieser Geist allerdings erkennt, bleibt trotz sämtlicher Kenntnisse ein Rätsel. Und dieses Rätsel, das wir nicht lösen können, sollten wir im Unterricht nicht verschweigen. Die Welt, würde ich den Schülern sagen, ist ein Geheimnis. Wir auch, denn es gibt keinen grundsätzlichen Unterschied zwischen uns und der Welt. Alle Wissenschaften, die wir lehren, sind Tänze zur Musik dieses Geheimnisses. Wollt ihr tanzen lernen? Tanzen zu können, ist eine große Freude!
Wer nicht lernen will, sollte dazu nicht gezwungen werden. Bildung ist, wie wir gerade wieder erkennen, etwas äußerst Fragwürdiges, und eine allgemeine Allgemeinbildung erst recht. Wir haben die Arbeit weitgehend automatisiert, müssen sie also in Zukunft nicht leisten. Alles, was kompliziert ist, kann die Maschine. Nur das Einfache kann sie nicht! Einem Sterbenden die Hand halten. Einen Hund streicheln. Ein Essen mit Liebe kochen. Und so fort. Das sind lauter wesentliche Tätigkeiten, und wir kommen bestimmt nicht ohne sie aus. Aber Latein braucht man nicht dafür, auch nicht Algebra oder das Periodische System der Elemente.

Dies alles, braucht man es überhaupt? Zum Beispiel Latein. Diese tote Sprache fördert, so wird argumentiert, das logische Denken. Es verstärkt also, mit anderen

Worten, die Tätigkeit der linken Hemisphäre unseres Gehirns. Aber sind wir nicht gerade durch deren Überschätzung und Überbeanspruchung in eine existentielle Krise geraten? Politisch, ökologisch und individuell. Die Medizin gegen unseren zur Krankheit entarteten Rationalisimus wäre eine Harmonisierung beider Hemisphären, in der Logik und Intuition wieder ins Gleichgewicht kommen. Und während ich dies niederschreibe, wird mir zu meiner Beschämung bewußt, daß ich fortwährend lateinische Termini gebrauche, ebenso wie die linkshemisphärischen Vokabeln des Patriarchats: der Schüler, der Lehrer, der Mensch. Ich entschuldige mich dafür. Dem neuen Denken wird eine neue Sprache entsprechen, und wenn der letzte Frost unserer winterlichen Kultur vergangen ist, wird diese neue Sprache aus uns wachsen wie Frühlingsblumen und Gras. Ein paar Samen wollen wir in einem der nächsten Kapitel säen und hoffen, daß die menschliche Erde nicht mehr zu hart ist, sie aufzunehmen.

Zurück zum Lateinischen! Ist es nicht sonderbar, daß wir durch religiöse Vergangenheiten und Sprachen fremder Kulturen geprägt wurden und Generation auf Generation selbst auf diese Weise zu prägen fortfahren, als gäbe es überhaupt keine andere? Über Religion und Religionen wollen wir später reden. Aber warum Latein? Wir sind keine Römer, und unserem Wesen blieben sie fremd. Sie waren sogar, da wir mehr oder weniger keltischer Abstammung sind, unsere Feinde. Sie haben unsere Vorfahren ausgerottet und ihre Kultur zerstört. Welchen Grund hätten wir, sie zu bewundern?
Natürlich meine ich nicht, daß wir den Lateinunterricht nun durch einen keltischen ersetzen sollten. Oder sollten wir doch? Nun, ich glaube, alle Kulturen sollten gegenwärtig in unserem Unterricht sein, und der Schüler, die Schülerin frei sein, zu allen Wurzeln unserer Gegenwart hinabzusteigen. Denn nur die Relativierung der ei-

genen Kultur macht uns allen anderen gegenüber neugierig und tolerant.
Dazu ist es notwendig, vom punktuellen Wissen zur Erfahrung der großen Linien zu gelangen, von den unzähligen Atomen der Information zur vieldimensionalen Gestalt. Das Lehren muß neu gelernt werden!

Nehmen wir also an, wir hätten in der Einheitsschule der Vielfalt das Muster der eigenen Kultur gezeigt, die Muster anderer Kulturen, und das Muster der Muster, den großen Zusammenhang, der sie alle in Raum und Zeit miteinander verbindet. Also nicht mit Details wollen wir beginnen! Details gehören zu einer späteren Phase des Lernens, und es steht dem Schüler frei, sich für viele oder nur diejenigen, die er braucht, zu interessieren.
Jeder Schüler wird also in den ersten sieben Jahren Lesen, Schreiben und Rechnen erlernen. Auch so viele Sprachen, als er will. Dafür allerdings müßten die neuesten Techniken verwendet werden, Mixturen aus Trance, Träumerei und Spiel, die sich von den alten Papageien-Methoden auch durch weitgehende Vermeidung von Vokabel-Strapazen und Grammatik-Quälerei unterscheiden. Aber am wichtigsten für den Schüler selbst und die Gesellschaft, in die er eintritt, wird sein, daß er sich ein Bild von der Welt machen kann. Ein Bild, von dem er weiß, daß es nicht endgültig ist, und daß es auch viele andere Bilder gab, gibt und geben wird. In jedem Bild aber wird er selbst anders erscheinen.

Das Buch des Lebens ist ein Weltbilderbuch. Wer darin zu lesen versteht, ist weise. Und wer es, nachdem er darin zu lesen verstand, eines Tages schließt, hat vielleicht die Erleuchtung erlangt.
Weisheit und Erleuchtung sind keine Themen der Schule? Ganz im Gegenteil! Es sind die einzig wesentlichen, und wer die Schule ohne Hunger nach Weisheit,

ohne Durst nach Erleuchtung verläßt, wäre besser gar nicht in sie eingetreten.

Nun, wie erlernt man Erleuchtung und Weisheit? Natürlich überhaupt nicht. Wie erlernt die Erde den Garten, der Garten die Rose? Dazu bedarf es des Wassers, des Lichtes und der Verwesung. Der Samen, der vielen kleinen Lebewesen, und des Menschen zuletzt. Des Menschen, daß er die Erde vorbereite auf das Ereignis der Rose.

In diesem Sinne möchte ich jegliches Lehren an allen Schulen verstehen. Die Schüler sollen vorbereitet werden auf das Ereignis der Rose, ihrer eigenen, schöneren und höheren Bewußtheit.

Eine gute Vorbereitung, auf die zu verzichten ein Fehler wäre, ist die Kunst. Sind alle Künste, und alle sollen gelehrt werden. Nicht, um von den Schülern beherrscht zu werden! Und überhaupt ist es eine abscheuliche Idee, Künste beherrschen zu wollen. Nein, man soll sie dem Schüler zeigen wie Wege, auf denen er gehen kann. Prachtstraße oder Feldweg, in diesem Fall bedeutet das gar keinen Unterschied.

Der Schüler soll also ohne Zwang und nach Herzenslust singen, musizieren, tanzen, dichten und malen, Kunsthandwerk treiben, wenn es ihn freut, und vor allem Theater spielen! Leistungen seien dabei nicht gefragt! Der Schüler soll einfach die Welt und sich selbst auf eine andere, kreative Weise erfahren, und in der Erfahrung lernen, daß er beide gestalten kann, sich selbst und die Welt.

Auch verbindet und verbündet Kunst ja die beiden Hemisphären unseres Gehirns, und vielleicht ist das sogar ihre Funktion. Zum Zwang darf sie nicht werden. Wer seine Hemisphären noch nicht verbinden will, der lasse es eben bleiben. Auch sollen beim unkonventionellen, stilistisch in keiner Weise gebundenen oder bindenden Kunstunterricht zwar Talente erkannt, aber nicht beur-

teilt werden. Wettbewerb in der Kunst zerstört ihre heilende, ganzmachende Kraft.
Ein Spiel, das ich dabei mit den Kindern spielen möchte, ist das Theater der Zukunft. Der persönlichen, und der allgemeinen. Wer oder was möchtest du werden? Eisenbahner, Prinzessin, Heiliger, Köchin, Millionär? Oder lieber Straßenkehrer, Bankräuber, Informatikerin? Gut, wir spielen es jetzt! Mit verteilten Rollen, und der Lehrer spielt mit. Spielend wird der Schüler lernen, seine Zukunft zu formulieren, und unter vielen Formulierungen dann diejenige wählen, die er in seinem Leben anwenden will. Er wird manche Fehler und Schwierigkeiten erkennen, noch bevor er sie macht.
Spielen wir nicht alle Rollen, und sind diese Rollen nicht älter als wir? Und sie werden uns überdauern. Uns, wer also sind wir? Energie, so vermute ich, die durch alle Rollen fließt wie elektrischer Strom durch die Leitungen. Welche Räume wir erhellen, welche Wesen erwärmen — wir wissen es nicht. Eins aber weiß ich: wir können die Rollen, während wir sie spielen, verbessern. Sie freundlicher, wohnlicher gestalten für alle, die sie nach uns spielen werden. Ja, mehr noch: wir können sie umschreiben, umleben. Die Kindsmörderin verwandelt sich in eine zärtliche Mutter, der Hasser in einen Liebenden, und der Tankwart bucht einen Kurs über Quantenphysik. ‚Gründen wir', sagt Lady Macbeth zu ihrem Gemahl, ‚eine kleine Biofarm, und zum Geburtstag wünsche ich mir eine Blockflöte und drei Katzen.'

So einfach ist es in Wirklichkeit. Wir müssen uns nur fest vornehmen, die Welt ein bißchen hübscher zu verlassen, als wir sie angetroffen haben. Die Welt, und uns selbst.
Das ist ein schönes Spiel, wahrscheinlich das schönste, und Kinder können es gar nicht früh genug lernen. Ich selbst habe es leider erst in der zweiten Hälfte meines Lebens entdeckt. Dafür kann ich Schillers Glocke aus-

wendig und weiß über die australischen Bodenschätze Bescheid. Hat mir riesig geholfen!
Und dann dieser wirklich idiotische Turnunterricht. Die Trennung von Körper und Geist könnte nicht deutlicher sein. Ich bin selbstverständlich für eine gute Ausbildung unserer Muskeln, et cetera. Aber müssen wir dafür unseren Geist in der Garderobe abgeben? Ebenso, wie wir unseren Körper nicht in die Mathematik- oder Lateinstunde mitbringen dürfen. Ja, warum eigentlich nicht? Hier beginnt das holistische Schulprogramm! Keine Stunde darf unseren Körper dem Geist, und keine unseren Geist dem Körper entfremden. In dieser Inszenierung der Welt treten sie gemeinsam auf,und nur gemeinsam. Was bedeutet, daß wir mit unserem ganzen Körper lernen,und mit unserem ganzen Geist turnen müssen. Ton und Licht werden uns dabei helfen, und die Erfahrung der vielen, unser Leben bestimmenden Rhythmen. Yoga, Sonnengebet und die verschiedenen Techniken des Atmens. Massagen, durch die körperliche und geistige Zentren gleichzeitig berührt, stimuliert werden. T'ai Chi, die taoistische, Körper und Geist einende Meditation der Bewegung. Autogenes Training, Visualisierung, das Erschaffen von Bildern als schöpferische Imagination. Meditation und Tanz. Wir wollen neue Programme erfinden, und wir wollen auch die schon vorhandenen dazu nützen, um in allen unseren Zellen bewußt gegenwärtig zu sein. Also weg mit den Schulbänken? Vielleicht. Sie haben ohnedies nur unsere Rücken ruiniert. Der zur Bewegungslosigkeit verurteilte Körper verspannt sich, verkrampft sich, staut Angst und Aggression. Nicht nur Klang und Bild, auch die Bewegung muß in den Unterricht integriert werden!
In einen Unterricht, der nicht länger linear sein soll, sondern sich selbst in wachsenden Kreisen bewegt, sich in den Zyklen der Spirale von Wiederholung zu Wiederholung höher erhebt. Der Schüler wird so nicht durch Wissen gezähmt sondern befreit! Indem die Schule ihn das

Alte stets neu, dasselbe stets anders lehrt, wächst das Wissen organisch mit ihm wie Knochen und Haar.

Mit vierzehn Jahren, wenn eine neue Phase seiner Entwicklung beginnt, sollte die Schule eine räumliche Ausdehnung erfahren. Der Schüler sollte dann die Möglichkeit haben, sich aktiv in der Welt, deren Bild er sich einverleibte, zu betätigen. Ich denke dabei an eine GRÜNE ARMEE, die regelmäßig oder unregelmäßig ausziehen könnte, die der Erde zugefügten Schmerzen zu lindern, ihre Wunden, soweit das möglich ist, zu heilen. Kinder, die den Wald vom Unrat gesäubert haben, werden ihn als Erwachsene nicht mehr beschmutzen. Ich kann noch nicht wissen, auf welche Weise die Kinder in Zukunft der Ökologie dienen werden, aber jeder dieser Dienste wird Kopf und Herz belehren und ihr Verhältnis zur Erde wandeln.

Ich denke auch an eine ARMEE DER LIEBE. In ihr können die Kinder sich der Kranken, der Alten, der Einsamen und der Außenseiter aller Arten annehmen. So werden sie Erfahrungen sammeln, die sie in der Schule niemals gemacht hätten, und Freundlichkeit erlernen, die ich neben dem Humor für die wichtigste menschliche Eigenschaft halte.

Ist Humor auch erlernbar? Ich glaube es fast. Denn ich hatte das Glück, bei Eltern aufzuwachsen, die fähig waren, sich selbst in allen Situationen zu relativieren. In ihrem an Katastrophen reichen Leben haben sie gewiß oft geweint und geflucht. Aber sich selbst ernst genommen? Das nie!

Vielleicht müßten wir die Kinder verstehen lassen, daß sie nie, niemals in diesem Leben, völlig identisch mit sich selbst sind. Daß sie die Perspektiven der Selbstbetrachtung verändern können. Und daß sie in der Lage sind, sich selbst jederzeit lachend zu transzendieren. Jederzeit, aber nur für Momente. Doch hat jeder dieser Momente die Intensität eines Jahres. Humor also als Un-

terrichtsfach? Lassen Sie uns wenigstens darüber nachdenken!
Doch kehren wir zu unseren — selbstverständlich freiwilligen — Armeen zurück. Eine Armee des Humors wird es wohl nie geben, oder doch? Wäre das schön! Ich erinnere mich an indianische Schamanen, die Kranke heilen, indem sie sie zum Lachen bringen. Und fast die ganze Menschheit ist zur Zeit krank, das heißt, aus dem Gleichgewicht. Und da Humor die blitzschnelle Art ist, jemanden oder etwas aus dem Gleichgewicht zu bringen könnte sie sehr wohl auch das Gegenteil tun. Nämlich das Ungleichgewicht zwischen Fühlen und Denken, Vernunft und Phantasie durch einen gewaltlosen Handstreich in ein neues Gleichgewicht bringen. Wenigstens die Voraussetzungen dazu sollte die Schule anbieten!

Aber von noch einer Armee träume ich, der ARMEE DER BRUDERSCHAFT. Sie sollte sich der Pflanzen und Tiere annehmen. Und wie viel würde sie dabei von ihnen lernen! Auch den Kreislauf, der uns lebendig verbindet. Aber die Mißhandlung der Pflanzen durch Kunstdünger, Schutzgifte und Monokulturen gehört wirklich bekämpft, ebenso wie die gnadenlose Ausbeutung des Tiers. Pflanzen, die man nicht ausbeuten kann, werden als Unkraut vertilgt. Tiere, die man nicht ausbeuten kann, landen, wenn sie Glück haben, in den Gnadenanstalten des Tierschutzes. Also ich stelle mir vor, daß jede Klasse — und jede Klasse wird in Hinkunft sehr viel kleiner sein als die bisherigen — die Patenschaft für eine Pflanze und ein Tier übernimmt, und diese verteidigt. Nicht nur verteidigt, auch liebt. Es gibt Haustiere. Warum nicht auch Klassentiere? Und wie gern werden die Schüler in die Schule gehen, wenn ihr Tier auf sie wartet! Und ihre Pflanze!
Früher hat der Mensch mit Pflanzen und Tieren gesprochen. Dann lange nicht mehr. Und jetzt fängt er gerade wieder an, den unterbrochenen Dialog fortzusetzen.

Aber da könnten die Schüler Wesentliches zur Forschung und Erforschung beitragen! Lilly träumte — oder träumt noch immer — von einem Dictionnaire Amerikanisch- Delphinisch, und in Findhorn unterhielt man sich zwanglos mit Spinat und Karotten. Nein, das ist kein Spaß. Wir sind alle lebendige Zellen des lebendigen Sterns Erde, und wenn wir uns nicht verstehen und verständigen können, werden wir sterben. Aussterben, meine ich. In Amerika haben inzwischen die Professoren versucht, mit Pflanzen zu sprechen. Ich glaube, Schüler können das besser. Wollen wir es versuchen?
Es gibt Fortgeschrittene in der Liebe, und es gibt Anfänger. Wer keiner unserer Armeen beitreten möchte, hat vielleicht Lust, ein Handwerk zu erlernen? Und das ist eine sehr feine Sache, der die Schule jede Hilfe angedeihen lassen soll. Merkwürdig, durch die Hand wird eine Energie übertragen, eine persönliche Qualität, und die Freude daran übersteigt den praktischen Zweck. Fabriken und Maschinen mögen rationeller arbeiten als die menschliche Hand. Aber zählt das in einer Zeit, in der die Pflicht zur Arbeit gerade durch ein Recht auf Arbeit abgelöst wird?
Nun, ich bin durchaus für eine kluge Rationalisierung. Gleichzeitig aber für eine drastische Reduzierung von Verwaltung, Produktion und Konsum, deren Übergewichtigkeit als schwere und gefährliche Krankheit erkannt werden muß. Der Einzelne ist, wie diese ganze Industriegesellschaft, verschlackt und verstopft. Beiden wäre eine Fastenkur zu verschreiben! Eine Fastenkur auch für alle künstlich geweckten Wünsche, deren schädliche Erfüllung durch das dümmliche Schlagwort der Arbeitsplatzbeschaffung nicht gerechtfertigt wird. Noch immer denken die zuständigen Politiker, denken die Mächtigen der Gewerkschaft und Industrie in den alten Schablonen einer vergangenen Zeit, die Probleme der Gegenwart unerkannt verschleppend, statt sie zu lösen.

Die Schule ist ein legitimer Platz, die Welt neu zu bedenken. Die Arbeit, die wir in Zukunft zu leisten haben, kennt keine Arbeitslosen. Die Arbeit, die wir in Zukunft zu leisten haben, ist nämlich unsere eigene, bewußte Evolution!
Evolution, Mutation, Transzendenz — das sind, bitte, Unterrichtsfächer! Ebenso wie Metapolitik und Ökologie. Wir müssen den Garten Eden in unserem Bewußtsein pflanzen, denn er wird nirgendwo anders gedeihen. Die Samen des Paradieses werden in der zukünftigen Schule befruchtet, und die Zukunft beginnt jetzt!
Aber wie die Zeit jeden Organismus vergiftet, und jeder Organismus sich von Zeit zu Zeit reinigen muß, ist es notwendig, den menschlichen Fluß vom Geröll toter Informationen zu befreien. Dazu gehören, um ein Beispiel zu nennen, sämtliche Schlachten. Warum müssen wir sie kennen, und ihre verflixten Jahreszahlen dazu? Statt zu lernen, daß der Krieg eine ebenso lächerliche wie unwürdige Gewohnheit ist, die wir schleunigst abstreifen sollen.
Überhaupt sollte die Schule etwas weniger Vergangenheit lehren, und etwas mehr Zukunft. Zukunft nicht als Diffamierung der Vergangenheit, wie auch der Schmetterling die Raupe nicht diffamiert. Sondern beide, Raupe und Schmetterling, Vergangenheit und Zukunft sind Entfaltungen einer höchst geheimnisvollen Gegenwart. Darum ist das an den Schulen geübte Prinzip der Wiederholung, die neue Entfaltungen unterdrückt, einfach falsch.

Die Welt soll wieder fließen, und fließen soll auch der Geist des Schülers. Die Welt, erinnern wir uns wieder und immer wieder daran, ist eine lebendige Ganzheit, und sie ist ein Prozeß.

Giordano BRUNO

„Die Natur ist Gott in den Dingen... Gott ist das Unendliche im Unendlichen, die Allgegenwart in allem, nicht über dem Universum oder außerhalb desselben, sondern auf höchste Weise in allem anwesend, allem immanent, wie die Einheit nicht außerhalb des Seienden oder über dem Seienden und die Natur nicht außerhalb der natürlichen Dinge ist.“

(Aus SPACCIO DELLA BESTIA TRIOFANTE und DE IMMENSO.)

„Es genügt, zu wissen, daß es ein unermeßliches Gefilde, einen zusammenhängenden Raum gibt, der alles in sicht hegt und trägt, der alles durchdringt. In demselben sind zahllose dieser Welt ähnliche Weltkörper, von denen der eine nicht mehr die Mitte des Universums ist als der andere. Denn als unendliches All ist es ohne Zentrum und Umfang; – Hiernach gibt es nicht eine einzige Welt, eine einzige Erde, eine einzige Sonne, sondern soviel Welten, als wir leuchtende Funken über uns sehen, die alles nicht mehr und nicht weniger in dem einen Himmel, dem einen All-Umfasser sind als diese Welt, die wir bewohnen. Der Himmel also, das unermeßliche Äthermeer, obwohl ein Teil des unendlichen Alls, ist es doch weder eine Welt noch ein Teil von Welten, sondern der Schoß, das Gefäß, das Gefilde, in welchem diese leben und weben, untereinander in Wechselwirkung treten, ihre Bewohner, Menschen und Tiere zeugen und ernähren und mit ihren bestimmten Dispositionen und Ordnungen der höheren Natur dienstbar sind, das Angesicht des Einen Seienden in unzähligen wechselnden Trägern darstellend.“

(Aus VOM UNENDLICHEN.)

„Immerhin, da das Weltall unendlich ist und alle seine Körper veränderlich sind, so strömen demzufolge alle Körper Kräfte von sich aus und atmen stets wieder andere dafür ein, schicken von ihren eigenen Stoffen fort und nehmen fremde dafür in sich auf. Ich erachte es nicht für absurd und undenkbar, vielmehr für sehr denkbar und natürlich, daß jeder Gegenstand bestimmten Verwandlungen unterworfen ist und daß auch Stoffteile der Erden die ätherische Region durchstreifen und im unendlichen Raume bald auf diesen, bald auf einen anderen Körper treffen ... da jedes Ding nicht sobald sich von einem Punkte fortbewegt, als es sich auch schon in einem anderen befindet und nicht sobald einer Eigenschaft entkleidet wird und eine Seinsart aufgibt, als es sich auch schon mit einer anderen Eigenschaft bekleidet und eine andere Seinsart annimmt, was sich notwendig als Grundnatur der räumlichen Bewegung in der eigenschaftlichen Veränderung ergibt."

(Aus VOM UNENDLICHEN.)

„Zweck dieser Bewegung ist die Erneuerung und Wiedergeburt des Erdkörpers, der nicht ewig in demselben Zustand verharren kann ... Zweckursache der räumlichen Bewegung sowohl des Ganzen als auch aller Teile ist der Wechsel."

(Aus ASCHERMITTWOCHSMAHL.)

„Trotzdem erscheint es unsinnig, anzunehmen, irgendein Teil der Welt sei ohne Seele, ohne Leben, ohne Sinn und folglich unbelebt; es ist ausgesprochen töricht und gemein, zu glauben, es gäbe keine anderen Lebewesen, keine anderen Sinne, keine anderen Intelligenzen, als sie unseren Sinnesorganen erscheinen."

(Aus DE IMMENSO.)

„Denn wir kennen einen Himmel, in dem die Welten ihre Räume, Bahnen und zureichenden Entfernungen haben, der sich überall ausbreitet, alles durchdringt und umfaßt, in stetigem Zusammenhang keine Leere läßt, wenn man nicht etwa ihn selbst als Leere bezeichnen will ... Das unendliche Weltall (ist) in Wahrheit nur Eins und ein unermeßliches Kontinuum des reinen Äthers, gefüllt mit zahllosen Welten, die in verschiedenen Teilen desselben, wie die unsrige in dem Teile, weben und leben."

(Aus VOM UNENDLICHEN.)

„Die Seele des Menschen ist in spezifischer und genereller Wesenheit dieselbe wie die der Fliegen, der Austern, der Pflanzen, überhaupt jeglichen beseelten Wesens."

(Aus KABBALA.)

„... Die Seele ist nicht räumlich in dem Leibe, sondern verhält sich zu ihm wie eine innerliche Gestalt und ein äußerlicher Gestalter ... Der Leib ist also in der Seele, wie die Seele im Geist und der Geist in Gott."

(Aus HEROISCHE LEIDENSCHAFTEN.)

„Es (das Universum) wird nicht erzeugt, denn es ist kein anderes Sein, welches es ersehnen oder erwarten könnte; hat es doch selber alles Sein. Es vergeht nicht; denn es gibt nichts anderes, worin es sich verwandeln könnte — ist es doch selber alles. . .Denn wie der, der das Eine nicht versteht, nichts versteht, so versteht der alles, der wahrhaft das Eine versteht; und wer sich der Erkenntnis des Einen mehr annähert, kommt auch der Erkenntnis von allem näher."

(Aus VON DER URSACHE.)

Teilhard de CHARDIN

„In unserem Geist vollzieht sich allmählich das vielleicht wunderbarste Ereignis, das seit dem Sprung zum Ichbewußtsein jemals von der Geschichte verzeichnet wurde: das Bewußtsein gewinnt für immer Zutritt zu einem Rahmen neuer Dimensionen; damit ersteht ein völlig neues Universum — ohne Änderung einer Linie oder Falte — durch einfache Umwandlung seiner inneren Eigenschaften.
Die Elemente der Welt haben von Natur aus und auf allen Stufen ihrer Zusammensetzung die Fähigkeit, sich zu beeinflussen und sich innerlich zu durchdringen . . . Bei Molekülen und Atomen läßt sich dieses Geöffnetsein für psychisches Durchdringen nur vermuten, doch bei organischen Wesen verstärkt es sich und läßt sich direkt wahrnehmen.
Mit den Kräften der Liebe suchen die Fragmente der Welt einander, auf daß die Welt sich vollende.
In ihrem gegenwärtigen Zustand könnte die Welt sich nicht begreifen, — wenn wir nicht vermuten dürften, es herrsche zwischen dem unendlich Großen und dem unendlich Kleinen ein geheimes Einverständnis."

Gregory BATESON

„(Wir sind) Teile einer lebendigen Welt . . . Die meisten von uns haben diesen Sinn für die Einheit der Biosphäre und der Menschheit verloren, der uns alle mit einem sicheren Gefühl für Schönheit ausstatten und verbinden würde. Die meisten von uns glauben nicht, daß das größere Ganze, abgesehen vom Auf und Ab unserer begrenzten Erfahrung, grundsätzlich schön ist.

Wir haben den Kern des Christentums verloren. Wir haben Shiva eingebüßt, den Tänzer des Hinduismus, dessen Tanz auf der trivialen Ebene sowohl kreativ als auch destruktiv, dessen Wesen als ganzes aber die Schönheit ist. Wir haben Abraxas verloren, den schrecklichen und schönen Gott des Tages und der Nacht, wie ihn die Gnostiker kannten. Uns ging der Totemismus verloren, der Sinn für die Parallelität zwischen der menschlichen Organisation und der von Tieren und Pflanzen. Wir haben sogar den sterbenden Gott verloren.

... Ich halte ... fest, daß unser Verlust des Sinnes für ästhetische Einheit ganz einfach ein erkenntnistheoretischer Fehler war."

(Aus GEIST UND NATUR, EINE NOTWENDIGE EINHEIT, Frankfurt am Main: Suhrkamp, 1982.)

Jörg MAUTHE/Günther NENNING

SCHÖNHEITS-MANIFEST

Das schöne Land Österreich wird immer häßlicher.
Die Betonierwut der Technokraten; die Gefühllosigkeit der Politiker; die Brutalität zügelloser Produktion; die ebenso große Lüge vom Konsumglück; eine allen politischen Lagern gemeinsame Verachtung von Geist, Vernunft und menschlichem Gefühl haben es dahin gebracht:

... unsere Städte sind häßlich und unwirtlich geworden;
... unsere in Jahrhunderten gewachsenen Kulturlandschaften werden zerschnitten, verwüstet, zerstört;
... unwiederbringliche Naturschätze werden verbetoniert, verstümmelt, dem kommerziellen Ausverkauf preisgegeben;
... alle jene Tugenden sterben aus, ohne die eine Gesellschaft nicht gedeihen kann. Verroht und verwahrlost sind Sitte, Sprache und Gefühl für nachbarschaftliche Solidarität.

Wir stellen traurig fest, daß das Schöne in keinem Parteiprogramm auch nur erwähnt wird.
Das Schöne wie das Gute sind aber die beiden fundamentalen Maßstäbe allen menschlichen Tuns und Denkens.
Die pausenlose Verhäßlichung unserer Welt ist ein Skandal. Machthaber sind ja oft unerquicklich, aber die früheren haben wenigstens Schönheit hinterlassen. Die heutigen zerstören sie.

Wir zweifeln nicht daran, daß sich die Frage nach der Schönheit sehr bald zu einer Überlebensfrage nicht nur der politischen Parteien, sondern unserer Demokratie überhaupt entwickeln wird. Der Widerwille gegen die Verhäßlichung unserer Welt wird in vielfältigen, auch politischen Formen immer deutlicher; in steigender Alltags-Aggressivität, zunehmender innerer Emigration aus dem Leben der Gesellschaft, immer größerer Entfremdung vor allem der jüngeren und sensibleren Menschen von der herkömmlichen Politik.
Ein Zeitalter geht zu Ende, ein neues begint. Die Menschen merken es, die meisten Politiker nicht. Die tägliche Vernichtung von Schönheit muß aufhören.

Wir fordern alle politisch Tätigen, die Parteien, aber auch unsere Journalistenkollegen in allen Medien auf, dem Schönen Aufmerksamkeit, Schutz und Hilfe zu gewähren.
Wir fordern die Machtausübenden auf allen Ebenen, vom Minister bis zum Sachbearbeiter, vom Landeshauptmann bis zum Bürgermeister der kleinsten Gemeinde, vom Kammerpräsidenten bis zum Betriebsrat auf, alles, was in ihrer Macht und ihrem Einflußbereich steht, zu unternehmen, was eine Vermehrung der Häßlichkeit verhindern kann.

Wir verlangen, daß die Schönheit in ihre uralten Rechte wiedereingesetzt wird.

(Aus WIENER JOURNAL, 44, Mai 1984.)

Hazel HENDERSON

„Die Evolution der Industriegesellschaft hat uns an einen Punkt gebracht, wo wir uns selbst transformieren müssen. Das heißt, wir müssen ein neues Konzept für unsere Situation entwerfen und unsere Werte neu gestalten.
... (Das) Übergangsstadium der spät-industriellen Gesellschaft, in dem das Potential ihres sozio-technischen Systems zu Ende geht, habe ich ‚Entropiestadium' genannt, das aus der wachsenden Arbeitsproduktivität des Landwirtschafts- und Industriesektors linear extrapoliert ist. Das Entropiestadium betrachte ich als erreicht, wenn die Komplexität und gegenseitige Abhängigkeit dieser Gesellschaften, ihre Größe und ihr Zentralisierungsgrad, sowie die unvorhergesehenen Nebenwirkungen der Technologie nicht mehr erfaßbar und damit nicht mehr steuerbar sind. Wie groß auch

immer der neugeschaffene Verwaltungsapparat sein mag, mit dem sie der ins Uferlose wachsenden Komplexität zu begegnen versuchen: Alle Anstrengungen, die ungeordneten wirtschaftlichen Aktivitäten und die Anwendung einander ausschließender Technologien zu koordinieren, reichen nicht aus, um die Verwüstung, die durch Massenproduktion und Massenkonsum verursacht wurde, zu beseitigen, soziale Probleme zu verringern und für Aussteiger, Süchtige, Invaliden und andere Sozialfälle zu sorgen, Konflikte beizulegen und immer mehr Sicherheit und Polizeischutz gegen Diebstahl und Verbrechen aufzubieten, die Luft atembar und das Wasser trinkbar zu halten. All diese Anstrengungen führen nur zu einem sprunghaften Ansteigen der von der Gesellschaft zu tragenden ‚sozialen Kosten', die schließlich den eigentlichen Wert der Produktion übersteigen.

Das Uhrwerk der ausgereiften Industriegesellschaft läuft ab, vom eigenen Gewicht angetrieben, und kommt in der größtmöglichen sozialen Entropie zum Stillstand. So sehen wir uns dem biologischen Grundproblem der Evolution gegenüber: Wachstum schafft Struktur und diese hemmt weiteres Wachstum; oder, wie das Aussterben der Dinosaurier beweist: Nichts führt so leicht zum Scheitern wie Erfolg . . .
Der Wandel der Wertvorstellungen wird – tiefgreifend genug sein müssen, um nicht allein neue angepaßte Technologie zu entwickeln, ein neues politisches Konzept zu finden und unsere Denkmuster zu ändern, sondern auch, um unsere von Männern beherrschte Industriekultur ins Gleichgewicht zurückzubringen, indem wir die Werte einführen, deren Umsetzung in die Praxis eine große Herausforderung für uns alle darstellt. Diese Werte – Kooperation, Demut, Sinn für Kinderpflege und – erziehung, Offenheit, Spontaneität, Friedfertigkeit und Liebe – sind in allen Kulturen fast immer als ‚weiblich' angesehen worden."

(Aus DAS KOMMENDE SOLARZEITALTER in VIELE WEGE, München: Dianus- Trikont, Metapolitik, 1985.)

GUTES MÄDCHEN, BÖSER BUB

Der Mann, so heißt es seit einiger Zeit, hat uns in dieses Schlamassel geführt. Seine Systeme basieren auf Mißtrauen und Ungleichheit. Er ist grausam, gewalttätig, will im Wettbewerb siegen und ist außerdem paranoid. Nun ja, Mohammed ist vielleicht ein Mann. Aber Jesus, nicht wahr, ist eine Frau? Und eine ganze Menge Frauen, die ich kenne, sind eindeutig Männer! Die Geschlechtsmerkmale, primär und sekundär, dienen offenbar nur als Tarnung.
Wir müssen das in der Schule besprechen. Wenn die Kinder vierzehn sind und aufhören, welche zu sein, ist dafür eine ganz gute Zeit. Denn da droht ein Krieg, und auch ohne Bomben wird er reich an Verlusten sein. Der Haß ist eine jedem zugängliche Waffe, und zudem kostet sie nichts. Haß erzeugt sich selbst.

Ich sage nicht, daß es keine Gründe für diesen Haß gibt. Ich selbst kenne sie nur zu gut, denn in einer patriarchalischen Gesellschaft wurde ich patriarchalisch erzogen. Erzogen? Nein, erziehen ließ ich mich nicht. Prügeln schon, und ich lachte dabei. Was mir natürlich neue Prügel eintrug. Und viel Schlimmeres. Ohne Zweifel war ich ein Opfer des Systems, wenn auch ein rebellisches Opfer.
Und jetzt verteidige ich es? Natürlich nicht. Aber das System haben beide geschaffen, Mann und Frau! Oder warum sagen wir nicht, der Mensch selbst kam aus dem Gleichgewicht? Denn er ist ja beides, männlich und weiblich, und beides zugleich.
Das sollen wir den Schülern sagen! Daß sie beides nicht nur sind, sondern sein dürfen. Und daß es völlig in Ordnung ist, wenn Mädchen fluchen und Buben weinen, daß beide mit Puppen und der Eisenbahn spielen kön-

nen, und Häkeln und Trompetenblasen, und daß keines von beiden in den Krieg ziehen und töten soll. Die Geschlechter sind keine Schicksale. Die Geschlechter sind Rollen! Mann kann sie spielen, oder auch nicht. Und man kann sie, vor allem, verändern.

Also weg von Rollenbelehrung und Rollenzwang in der Schule! Wie die linke und rechte Hemisphäre des Gehirns, wie Leben und Tod, sind auch Mann und Frau zwei Zustände unseres Bewußtseins, und wir wollen den Schülern helfen, sie als Einheit zu erkennen. Haben sie sie als Einheit erkannt, können sie sich an der Zweiheit freuen, ohne sie in der einen oder anderen Richtung zu diskriminieren.

Fritjof CAPRA

„(Es) zeigt sich, daß die Wurzel unserer Probleme in einem gravierenden Ungleichgewicht unserer Kultur liegen — in unserem Denken und Fühlen, in unseren Werten und Einstellungen, sowie in unseren sozialen und politischen Strukturen. Es ist ein Ungleichgewicht zwischen zwei Arten des Bewußtseins, die zu allen Zeiten als charakteristische Eigenschaften der menschlichen Natur angesehen wurden. Gewöhnlich nennt man sie das intuitive bzw. rationale Bewußtsein, man hat sie aber auch mit den Begriffspaaren wissenschaftlich-religiös, linear-nichtlinear oder ähnlich beschrieben. Die Terminologie, die ich für die Diskussion unseres kulturellen Ungleichgewichts am brauchbarsten gefunden habe, ist die des alten chinesischen Systems von Yin und Yang.

Die Chinesen betrachten die Realität, deren innerstes Wesen sie Tao nannten, als einen Prozeß des kontinuierlichen Flusses und Wandels. Aus ihrer Sicht nehmen alle Phänomene, die wir beobachten, an diesem kosmischen Prozeß teil und sind deshalb von Natur aus dynamisch. Die Haupteigenschaft des Tao ist die zyklische Natur seiner ununterbrochenen Bewegung.

In der klassischen chinesischen Terminologie entspricht Yin allem, was kontraktiv, offen und erhaltend ist, während Yang das expansive, aggressive und fordernde einschließt. Es ist wichtig zu betonen, daß in der chinesischen Kultur weder Yin noch Yang mit moralischen Werten assoziiert werden. Was gut ist, ist nicht Yin oder Yang, sondern das dynamische Gleichgewicht zwischen den beiden; schlecht oder schädlich ist das Ungleichgewicht.

Seit den frühesten Zeiten der chinesischen Kultur wurde Yin mit dem Weiblichen und Yang mit dem Männlichen assoziiert. . . In der Humanbiologie sind die männlichen und weiblichen Eigenschaften nicht eindeutig getrennt, sondern kommen in unterschiedlicher Ausprägung bei beiden Geschlechtern vor. Entsprechend glaubten die alten Chinesen, daß alle Menschen, Männer wie Frauen, Yin- und Yangphasen durchlaufen. Die Persönlichkeit jeden Mannes und jeder Frau wurde nicht als eine statische Einheit, sondern als ein dynamisches Phänomen betrachtet, eine Folge des Zusammenspiels von männlichen und weiblichen Elementen. Diese Sichtweise der menschlichen Natur steht in scharfem Gegensatz zu unserer patriarchalischen Kultur, die eine starre Ordnung festgelegt hat, in der die Männer prinzipiell als männlich und die Frauen prinzipiell als weiblich gelten, und die dadurch die Bedeutung dieser Begriffe entstellt hat, indem man den Männern die Führungsrolle und die meisten gesellschaftlichen Privilegien zuteilte . . .

Unsere Kultur ist stolz auf ihre Wissenschaftlichkeit; unsere Zeit wird als wissenschaftliches Zeitalter bezeichnet. Es wird vom rationalen Denken und wissenschaftlichen Wissen beherrscht. Daß es intuitives Wissen oder Bewußtsin geben kann, das ebenso gültig und zuverlässig ist, wird allgemein nicht erkannt. Diese ‚scientistische' Haltung ist weitverbreitet und durchdringt unser Erziehungssystem genauso wie alle anderen gesellschaftlichen und politischen Institutionen.
Die Betonung des rationalen Denkens in unserer Kultur läßt sich in DESCARTES' gefeierter Aussage ‚Cogito, ergo sum' — ‚ich denke, also bin ich' am kürzesten zusammenfassen. Dieser Satz suggeriert dem westlichen Menschen sehr nachhaltig, sich eher mit seinem rationalen Verstand, als mit seinem gesamten Organismus zu identifizieren. Die Auswirkungen dieser Spaltung von Geist versus Körper sind in unserer ganzen Kultur spürbar. Sie haben uns von unserem Organismus abgeschnitten und uns auf unseren Verstand reduziert. Auf diese Weise haben wir vergessen, wie wir mit unserem ganzen Körper ‚denken' können, wie wir ihn als einen Vermittler von Wissen nutzen können. Dadurch haben wir uns auch von unserer natürlichen Umwelt abgetrennt und vergessen, wie wir mit der reichen Vielfalt von lebenden Organismen kommunizieren und kooperieren können."

(Aus DAS GLEICHGEWICHT ZWISCHEN YIN UND YANG in VIELE WEGE, München: Dianus-Trikont, Metapolitik, 1985.)

DER LEIB

Er ist das Geheimnis schlechthin. Und bleibt es, auch wenn wir ihn teilen und jedem Teil einen Namen geben. Bleibt es, auch wenn wir ihn in Funktionen auflösen und alle Funktionen erklären. Bleibt ein dunkles Geheimnis, und darum haben wir vor ihm Angst.

Nicht erst seit Descartes, wie hätten wir ihm sonst geglaubt? Diese Angst ist auch älter als die christliche Kirche, obwohl es so scheint, als hätte sie uns aus dem Paradies unseres Leibes vertrieben. Aber wie kam es, daß wir uns vertreiben ließen?

Der Leib ist der Schlüssel zur Welt, und wir haben den Schlüssel verloren. Darum brechen wir wie Räuber mit Gewalt in sie ein. Diebe, die wahllos alles ausräumen, forttragen, zerstören.

Ob wir von Ökonomie oder Ökologie reden, vom industriellen Zeitalter oder einer postindustriellen Revolution — unser Problem ist der verlorene Leib. Wir müssen ihn also suchen, und wir müssen ihn finden.

Im Märchen findet der jüngste Prinz, die jüngste Prinzessin, das Kind den verlorenen Schatz. Denn es fragt die Tiere danach, die Sonne, den Mond.

Der alte König schickt im Märchen das Kind auf die Suchwanderung. Und so soll auch das Kind in der Schule ausgeschickt werden, den Schatz des Leibes zu suchen.

Aber es wird nicht den Leib finden, den wir verloren haben. Der Mensch selbst ist ein anderer geworden, und so sucht er auch einen anderen Leib. Haben wir also viele? Nein, nicht viele Leiber. Aber viele Arten der Wahrnehmung des einen. Und so werden wir nicht zurück zur Natur, sondern voran zu ihr gehen.

Sucht, werden wir den Kindern sagen, euren Leib. Er ist

ein Königreich, doch der König, der zugleich die Königin ist, ist verschleiert. Bisher hattet ihr flüchtigen Umgang mit seinen Ministern, und man hat euch gelehrt, sie Organe zu nennen. Aber kennt ihr das Volk? Man hat euch gelehrt, die Personen, aus denen es besteht, Zellen zu nennen. Aber es sind wirklich Personen, und Persönlichkeiten dazu! Jede von ihnen lebt, liebt und stirbt, so wie ihr. Jede hat ein Talent, ein Arbeit, ein Schicksal, so wie ihr. Und jede hat ein Geheimnis. Wie ihr.
Müßte es nicht aufregend sein, eine dieser Persönlichkeiten, von denen keine der anderen gleicht und die sich fortwährend verändern, einmal kennenzulernen?
Aber ja, das ist möglich! Bittet euere Augen. . . Bitten, wieso? Kann man reden mit ihnen? Und wie! Mit Augen und Ohren und dem kleinen Zeh. Mit der Leber, den Handwurzelknöchelchen — einfach mit allem! Und mit den sogenannten Zellen, die sich gegenseitig beim Namen nennen, die wir nicht kennen, erst recht.
Bittet also euere Augen, den Unsinn zu vergessen, den wir ihnen in grauer Vergangenheit sagten. Zwar würde es mich wundern, wenn sie ihn wirklich geglaubt haben, denn Augen sind nicht dumm. Wahrscheinlich haben sie einfach gewartet, bis wir unseren Irrtum selber entdecken. Den Irrtum nämlich, daß Augen nur sehen können, wenn wir ihre Deckel aufmachen. Und daß es die vielen Welten hinter unseren geschlossenen Lidern gar nicht gibt.
Wenn wir die Augen zumachen, erscheint uns das Volk der Zellen, und das Volk der Sterne vielleicht auch. Wenn wir die Ohren zumachen, verstehen wir sogar ihre Sprache. Und dann gibt es noch eine andere Wirklichkeit, die immer dann, wenn wir anders schauen und anders hören, erscheint. Sie hat nichts mit den gewöhnlichen Zellen und Sternen zu tun, so ungewöhnlich die auch sind. Sondern die Zellen sind, wenn wir anders schauen und hören, keine Zellen mehr, und die Sterne keine Sterne.

Sondern? Ja, das sollt ihr selber entdecken. Und wir zeigen euch, wie.
Natürlich müssen wir es zuerst selbst lernen! Aber das muß schließlich jeder, der lehrt.

Ivan ILLICH

„Zuerst schuf Gott Adam und dann aus Adam Eva. Er gab ihnen eine solche Gestalt, daß sie in Einklang mit der übrigen Schöpfung leben konnten. Als er sie zu Gärtnern im Paradies berief, gab er ihnen eine anspruchsvolle Aufgabe, die aber keineswegs mit Mühe und Plage verbunden war.
HUGO glaubte fest daran, daß Gott jedes Ding mit einer ihm eigenen Schönheit erschafft. — Er gab Adam und Eva drei Paar ‚Augen' — die Augen des Körpers zur alltäglichen Betrachtung; die Augen der Vernunft zur Meditation über die Bedeutung der ewigen Schönheit für den Schauenden; die Augen der visionären Schau des Schöpfers selbst. Dieses letzte Augenpaar ist so geschaffen, daß es in blendendes Licht schauen kann, um das Unsichtbare zu sehen. (Sie aßen vom Baum der Erkenntnis.) Im Hebräischen ist vom Baum jadah die Rede — was soviel wie Erkenntnis, Durchdringung, Macht und Besitz bedeutet. — Als der Spiegel ihrer Augen erblindete, schämten sie sich."

(Aus ABT HUGO VON ST. VIKTOR UND DER GEDANKE DER MENSCHLICHEN WISSENSCHAFT.)

Herbert GIRARDET

„Erziehung spielt eine große Rolle, um den Menschen ein Naturbewußtsein zurückzugeben. Die Vielfalt des ökologischen Wissens und der neuesten Forschungsergebnisse hat sich bisher nicht in entscheidenden Veränderungen der Lehrpläne für Schule und Hochschule und auch nicht in den Fernsehprogrammen niedergeschlagen. Viele Eltern, Lehrer und Journalisten erkennen die Notwendigkeit, Kindern und überhaupt allen Menschen ein tieferes Verständnis für die Natur zu vermitteln — weit mehr als in der gegenwärtigen Eingrenzung auf Naturwissenschaft und Information — eine lebendige Naturbildung und Kenntnis aus eigener Anschauung. Hier können wir eine Menge von der ursprünglichen Erziehung, wie sie in primitiven Gesellschaften praktiziert wird, lernen. Sie befähigt die Kinder bereits in frühen Jahren, die komplexen Beziehungen in der Natur zu verstehen. Im Klassenzimmer können wir die Kinder dazu befähigen, an den vielen neuen Entdeckungen und Erfindungen, die jetzt durch ökologische Untersuchungen gemacht werden, teilzunehmen. Dies bezieht sich auch auf alternative Technologie und ihre Anwendung. Kinder könnten mit ihrem Erfindergeist einen weitaus größeren Beitrag zu der Entwicklung einer ökologisch günstigen und gesellschaftlich brauchbaren Technologie leisten, als ihnen momentan zugestanden wird."

(Aus FRIEDEN MIT DER NATUR.)

Gary SNYDER

„Die Bäume und Felsen sollten im Kongreß mitabstimmen können, die Wale sollten eine Stimme haben: das ist echte Demokratie. — Christopher STONE sagt in seinem Essay ‚Sollten Bäume eine Standesvertretung haben?', daß es juristisch sehr einfach wäre: der Gerichtshof ernennt jemanden zu ihrem Repräsentanten, das heißt es sollte jemand Sprecher der Gemeinschaft aller Eichen sein.
Zu den Aufgaben der Poesie gehört es, für diesen Bereich zu sprechen, ihre Stimme in die Menschenwelt zu tragen."

(Aus ICH SPRECHE FÜR DIE WILDNIS.)

Laurens van der POST

„(Wir bringen) die Natur und Wildnis in der Außenwelt aus dem Gleichgewicht. — Ausbeutung der natürlichen Ressourcen der Erde und Verleugnung des Natürlichen in uns sind tatsächlich zwei Aspekte ein und derselben Sprache.

Eine Quelle großer Mißverständnisse in der modernen Welt ist die Vorstellung, alles in uns sei subjektiv, und die wahrhaft objektive Welt liege außerhalb von uns. Das ist ebenso absurd wie falsch. Wir haben eine unermeßliche objektive Welt in uns. Dies ist die Welt, mit der sich neuerdings die Psychologen in wachsendem Maße beschäftigen. Sie haben bereits herausgefunden, daß die Spaltung, der quasi schizophrene Zustand der heutigen Menschheit, auf die Zurückweisung, Vernachlässigung und Ausbeutung dieser inneren Welt zurückgeht, dieser großartigen, objektiven, natürlichen Wildnis in uns, des Gartens unserer eigenen Seele. — — —

(In) einer apokryphen Version der Bibel, aus einer Schriftrolle, die beim Toten Meer gefunden wurde, wird Christus von seinen Jüngern dieselbe Frage gestellt, die auch im Neuen Testament vorkommt: ‚Wie sollen wir den Weg zum Königreich des Himmels finden?' Und in der Version dieser Schriftrolle, die die älteste uns bekannte Form der Bibel darstellt, antwortet er so: ‚Folgt den Vögeln, den Land- Tieren und den Fischen, und sie werden euch den Weg weisen.' "

(Aus DIE WILDNIS IM GARTEN DER SEELE.)

(Alle vier Zitate aus VIELE WEGE, München: Dianus-Trikont Metapolitik, 1985.)

DIE SCHULE DES LEIBES

Der Leib des Menschen wird nicht durch die Haut begrenzt. Der menschliche Leib hat keine Grenzen. Das wissen die Kinder, aber sie verlernen es spätestens in der Schule. In unserer Schule des Leibes sollen sie erfahren:
Der menschliche Leib ist im Leib der Erde enthalten, der Leib der Erde im Leib der Milchstraße, der Leib der Milchstraße im kosmischen Leib, und der kosmische Leib worin?
So sollte die Hierarchie des lebendigen Leibes unterrichtet werden, und dazu gehört alles vom Turnunterricht bis zur Astronomie.
Wenn das Kind den eigenen Körper — und auch die Körper aller anderen Wesen, seien es Mensch, Tier oder Pflanze — als lebende Zellen im lebendigen Kosmos begreift, werden Irrtümer wie Egoismus, Ehrgeiz und Haß vielleicht schwinden. Illusorisch wird das Gefühl der Einsamkeit sein, da in Wirklichkeit nichts von niemandem getrennt ist. Wovor sollte man Angst haben, wogegen kämpfen?
Geborgen in einem einzigen Sein, könnte unser Herz zu Freude und Freundlichkeit erwachen.

Wie sieht ein solcher Unterricht praktisch aus? Wie zeigt man die Einheit? Nun, die alte Einteilung des Lehrstoffes in verschiedene Fächer wird dabei ein Hindernis sein. Andererseits, wie kommen wir ohne sie aus?
Da sind zum Beispiel die Sprachen. Kann schon sein, daß wir sie in Zukunft gar nicht mehr brauchen. Denn wir scheinen uns zu Gedankenlesern zu entwickeln, und ich meine das völlig ernst. Unser Gehirn mit seinen Sinnesorganen, von denen wir erst fünf kennen, hält noch viele Überraschungen für uns bereit. Aber vorläu-

fig, jetzt? Also da müssen wir Fremdsprachen lernen. Fremdsprachen? Eben nicht? Der Name ist falsch geworden, entspricht nicht mehr der Wirklichkeit, die wir erkennen. Wir werden die Sprachen nicht mehr in eigene und fremde einteilen. Es gab und gibt nur eine einzige Sprache, und sie hat viele Dialekte. Es macht Spaß, Dialekte zu sprechen. Besonders, wenn wir die Dialekte der Sprache zugleich als Dialekt des Seins erfassen.
Was ist ein Dialekt des Seins? Österreich, und wir sprechen diesen Dialekt nicht nur, wir leben ihn auch. Die Landschaft gehört ganz wesentlich zu diesem Dialekt, und die Geschichte, ja sogar, wie man kocht. Einfach alles. Und wenn wir den englischen Dialekt lernen, dürfen wir uns doch nicht auf Grammatik und Vokabeln beschränken! Die Themse muß praktisch durchs Klassenzimmer fließen, König Artur erscheint mit seinen Rittern, wir essen — und warum nicht in der Schule? — Porridge und Plumpudding, beschwören das Kleine Volk, wird es aus den grünen Hügeln steigen und zu uns kommen? Shakespeare gehört ebenso zum englischen Dialekt wie William Turner, William Blake und Agatha Christie. Ja, ich weiß. Alles bleibt Auswahl, und wer trifft sie? Warum eigentlich, bis zu einem gewissen Grad, nicht der Schüler? Könnte er nicht vom Computer des englischen Dialekts abrufen, was ihn freut? Britischen Humor und den Tower, Cricket, Gespenster und das Parlament? Und der Bildschirm des Computers wird bald schon dreidimensional sein. Trotzdem schlage ich vor, jede Klasse adoptiert für eine Weile einen lebendigen Vertreter des Dialektes, den sie gerade erlernt. In diesem Fall kann es ein englischer Schüler oder eine englische Schülerin sein. Aber auch ein Londoner Schornsteinfeger, eine alte Jungfer vom Dorf, wer oder was immer. Wäre das nicht lustig? Und die Schule soll ja lustig sein, oder nicht?
Der Ernst des Lebens ist wahrscheinlich die Folge einer unlustigen und darum falschen Erziehung. Dem fröhli-

chen Abenteuer der Schule wird ein fröhliches Abenteuer des Lebens folgen, dessen Ziele Spaß und Erkenntnis sein sollen, nicht der feindselige Erfolg!
Sind die Naturwissenschaften auch Dialekte? Natürlich. Aber nicht Mundarten des Raums sondern der Zeit. Man denke nur an die Physik Newtons, an Relativitäts-und Quantentheorie. Hier spricht jede Zeit einen anderen Dialekt, und als Zeit-Dialekte sollte man die Naturwissenschaft lehren. Mit einer Extrastunde, in der zukünftige Dialekte erraten und formuliert werden dürfen. Denn wie, ungefähr, hat es Norbert Wiener in seiner Autobiographie bestätigt? Ich bin Mathematiker. Das heißt, ich bin Künstler.

Es gibt, und dafür müssen wir uns nicht schämen, objektive Wissenschaft so wenig wie objektive Kunst.
Wie wichtig wird dann aber das Subjekt? Die meisten Wissenschaften sind ja praktisch anwendbar. Wir können die Erde durch sie in einen Garten verwandeln. Oder in eine Hölle.
Freundliche Menschen werden freundliche Wissenschaften und Technologien entwickeln. Menschen, die selbst aggressiv sind, entwickeln aggressive Wissenschaften und eine aggressive Technologie. Das ist so einfach, daß es schon unglaubwürdig klingt. Doch die Geschichte bestätigt unsere Theorie.

Merken Sie, was wir falsch gemacht haben? Wir haben den Schüler vom Stoff des Unterrichts getrennt. Taten so, als hätten Persönlichkeit und Information nichts miteinander zu tun. Aber beide bedingen einander!
Nicht perfekte Zauberlehrlinge soll die Schule heranbilden, sondern werdende Meister.

Erwin CHARGAFF

„— Die Rätselhaftigkeit der Welt wurde durch ihre Erklärbarkeit ersetzt. Das hat sie nur rätselhafter gemacht; aber dies zu erkennen, — sind wir nicht mehr imstande; die Organe des Sichwunderns sind verkümmert. Wir haben vergessen, daß die einzige wirkliche Verbindung zwischen einer Beobachtung und dem Verstehen des Beobachteten nicht immer eine Gerade ist. — (...)

— Lange Zeit habe ich einen unzureichenden Begriff davon gehabt, wie groß der Einfluß der Grammatik einer Sprache auf die Denkprozesse der betreffenden Sprachgemeinschaft ist. Wenn diese Denkformen einen Umsturz durchmachen, werden wieder die Grammatik und das Vokabular verwirrt. — (...)

— Woran erkenne ich den Fachmann? Daran, daß er genau derselben Meinung ist wie jeder andere Fachmann desselben Gebiets, und nur dieser Meinung. Sie erfüllt ihn ganz, aber nur so lange, bis sie durch eine neue, an alle Fachleute verteilte Meinung ersetzt wird. Wenn ich also lese, daß fünf internationale Experten in einer strittigen Frage zu ein- und derselben Meinung gelangt sind, packt mich das Mißbehagen. Die Wahrheit sieht immer zweifelhafter aus und nicht so monochrom. — (...)

— Die großen technischen Erfolge, deren sich manche Wissenschaften rühmen, haben dem Glauben weite Verbreitung verschafft, daß die Wissenschaften das einzige Werkzeug zur Lösung der die Menschheit bedrängenden Probleme sind. Da die Probleme überhand zu nehmen scheinen, brauchen wir also mehr Wissenschaft. Da diese aber oft neue Probleme aufwirft, brauchen wir noch mehr Wissenschaft und so weiter. Ob eine solche fortschreitende Reihe nicht am besten zur banalen Feststellung integriert werden kann, daß der Krebs sein eigener bester Arzt ist, lasse ich dahingestellt. — (...)

— Die schwerste Schuld der Naturwissenschaften, wie sie im letzten Jahrhundert gehandhabt wurden, liegt wahrscheinlich in der Fragmentierung unseres Naturbildes: eine zwangsweise Folge der induktiven Verhaltensweise der Forschung. Gleichgültig ob die Natur in alten Zeiten lyrisch oder mystisch oder schamanisch betrachtet wurde, sie muß den Menschen als ein strukturloses Magma erschienen sein, als ein Kontinuum, von dessen Anfang und Ende man nur träumen konnte. Dieser Traum, wie alle andern, ist jetzt ausgeträumt. Die verschiedenen Naturwissenschaften, mit ihren immer mehr verfeinerten Methoden, haben diesem Kontinuum an einigen, häufig sehr entfernt voneinander gelegenen Stellen gleichsam einen Raster oder ein feinmaschiges Netz aufgezwängt. Dadurch haben sie es zustande gebracht, den Riesenstrom in kleine, nicht miteinander kommunizierende Bächlein aufzuteilen. Die Vertiefung der Naturforschung hat eine Zersplitterung der Naturanschauung bewirkt. Je feiner das Netz, desto schmäler die Resultate. Und niemand ist übrig, der fähig wäre, die Riesenmenge von Einzeltatsachen, jede allein gesehen höchst banal, zusammenzufassen: uns fehlen die Muskeln zu diesem dialektischen Sprung. — Das Anrecht zu solchem Verfahren glauben die Naturwissenschaften aus dem Vorhandensein sogenannter Naturgesetze beziehen zu dürfen. — (...)

— Ich bin gewiß, daß die meisten Naturforscher sagen werden, die Natur gehorche gewissen Gesetzen. Ich würde hingegen sagen, daß es die Gesetze sind, die der Natur gehorchen. Der heilige Thomas von Aquino hat es in einem anderen Zusammenhang besser ausgedrückt: Ratio imitatur naturam. — (...)

— Unsere Zeit gehört zu den Erklärern; niemals vorher wurde so viel erklärt, und nie gab es weniger wahres Verständnis. — Ich fürchte, daß ich mit meiner Unterscheidung zwischen Verständnis und Erklärung in der Wissenschaft allein dastehe. — Zum wirklichen Erklären gehören zwei: einer, der erklärt, und einer, der versteht. — (...)

— Wie die Wissenschaften zu menschenmäßigeren Dimensionen zurückgebracht werden können, weiß ich nicht. Vielleicht wird die Verarmung der Welt dazu beitragen. Jedenfalls glaube ich nicht, daß die Kur der durch die Technik, also eigentlich durch die Wissenschaft, verursachten Schäden in noch mehr Wissenschaft bestehen kann; eher in anderer Wissenschaft. Aber um eine andere Art von Wissenschaft zu erhalten, bedürfen wir einer anderen Erziehung und einer anderen Gesellschaft, also einer Umformung von nicht zu schildernden Ausmaßen. — (...)

— Wissen ohne Gewissen ist der Ruin der Seele, sagte der große Rabelais. Wir wissen immer mehr, und jetzt auch, daß es keine Seele gibt, sondern, wie ich höre, nur eine Nukleotidsequenz in der DNS. Wie häßlich das alles ist!" (...)

(Aus UNBEGREIFLICHES GEHEIMNIS, Stuttgart: Klett-Cotta, 1981.)

Ivan ILLICH

„Menschliche Wissenschaft ist dann vielleicht ein Begriff der achtziger Jahre für die Suche nach einer Weisheit analog zu der, die HUGO meinte, als er die Wissenschaft als Hilfsmittel gegen die selbstverschuldete Schwäche definierte, die nun einmal das Schicksal des Menschen ist in einer Welt, die er selbst ruiniert hat. -

— Die Wissenschaft wurde als Teil einer moralischen Verpflichtung begriffen, mit dem Ziel, dem Einzelnen wie auch der Gemeinschaft zu einem besseren Überleben in Harmonie mit der Natur zu verhelfen. Das änderte sich dann ziemlich abrupt. Durch Petrus VENERABILIS, Benediktinermönche und spanische Juden wurde griechisches und arabisches Gedankengut in Europa eingeführt.

Die neuen Mühlen wurden in jenem Zeitalter zum Symbol für die Macht des Menschen über die Natur. Genaugenommen bestand die Beziehung in Wirklichkeit darin, daß einige Menschen Macht über andere ausübten und die Natur als Machtinstrument benutzten. Die von FRANZ von ASSISI, DOMINIKUS und anderen gegründeten Bettelorden erklärten die Benediktinische Werkethik zum Ideal einer ausschließlich klösterlichen Elite. Durch die Gelehrten dieser neuen Orden interpretierte die Kirche ihre klassische Abwehrhaltung gegen körperliche Arbeit als eine christliche Theorie, welche die Wissenschaft als Werkzeug der Naturbeherrschung definierte. HUGOS ökologische Auslegung der Paradiesgeschichte war offenbar nicht einmal einer Erinnerung wert.“

(Aus ABT HUGO VON ST. VIKTOR UND DER GEDANKE EINER MENSCHLICHEN WISSENSCHAFT in VIELE WEGE, München: Dianus-Trikont Metapolitik, 1985.)

DIE DIALEKTE DES SEINS

Betrachten wir die Sprache des Seins als Sonne und alle Dialekte als Sonnenstrahlen. Aus dem gleichen Zentrum pflanzt das Licht sich nach allen Richtungen fort.
Es mag interessant sein, den einen oder anderen Sonnenstrahl zu verfolgen. Aber wenn wir darüber vergessen, daß er mit der Sonne selbst identisch ist, werden wir nichts von ihm wissen.
Es ist ebenso sinnlos, die Sonne allein zu lehren, wie ihre Strahlen. Und es ist sinnlos, beide als etwas zu lehren, das von uns, den Lernenden, getrennt ist.
Sollen wir also die zerrissenen Fäden der Wirklichkeit wieder miteinander verknüpfen, und auch mit uns selbst? Das wäre die zweitbeste Methode. Die beste aber ist, sich mit dem Herzen der gegenwärtigen, ungeteilten, heilen Wirklichkeit zu erinnern.
Können wir das? Ja, wir können es, wenn auch nicht mit den üblichen Methoden unserer Schule. Denn diese Schule selbst ist ja fragmentiert, und so sind es auch ihre Methoden.

Ich weiß nicht, ob wir die Erfahrung des kosmischen Bewußtseins lehren können. Aber wollen wir es nicht versuchen? Vielleicht werden wir dabei viel erfolgreicher sein als mit Mathematik, Chemie oder Latein.
Dieses kosmische Bewußtsein — oder wenigstens seine theoretische Annahme durch den Schüler — ist nämlich die Basis eines ganzheitlichen Unterrichts.
Und dieser Unterricht bezieht das Herz des Schülers ein, seinen Instinkt, seine Phantasie, seine Gefühle. Der Schüler darf und soll ganz in der Schule präsent sein, ohne Tabus. Das heißt, daß wir auch seine Sexualität nicht ausschließen werden. Die Schule ist für die Reifung des ganzen Menschen verantwortlich, und bisher

nahm sie diese Verantwortung nicht an.
Ich sagte also, und ich sage es immer wieder: dem ganzen Kind tritt in der Schule eine ganze Welt gegenüber, und diese beiden, Welt und Kind, sind nicht voneinander getrennt.
So wenig wie die Sprache von den Dialekten des Seins.
Hat das ein Schüler erkannt, wird die Beherrschung der Dialekte unwesentlich. Es mag praktisch sein, den einen oder anderen zu sprechen und zu verstehen. Der Grad der Reife aber wird davon bestimmt, wie ganz der Schüler sich selbst und seine Welt wahrnimmt.

Lehren wir Geschichte als Folge von Ereignissen? Das ist eine Möglichkeit. Eine andere wäre die, Geschichte als eine Folge von Wahrnehmungen zu lehren. Als Folge von Wahrnehmungen einer Gegenwart, die sich weder von der Zukunft, noch von der Vergangenheit distanziert. Sondern unser Bewußtsein war zerstreut, und in der Geschichtsstunde sammelt es sich wieder, was könnte es sonst in ihr lernen?
Alles ist gleichzeitig da. Austerlitz und Waterloo, Marc Aurel, Hitler und Gandhi. Die Gleichzeitigkeit der Zeit soll die Geschichte uns lehren! Und die Gleichzeitigkeit unserer Verantwortung. Die Muster der Gewalt, und die Muster der Liebe. Beide sind gleichzeitig auch in uns selbst. Sie zu erkennen, ist wichtig! Aber doch nicht das Auswendiglernen von Herrschernamen, Jahreszahlen und Schlachten.
Oder der Chemie-Unterricht. Er ist wirklich nur eine entropische Entartung der als Vergangenheit und Zukunft gegenwärtigen Alchemie. Nämlich uns selbst sollen wir verwandeln, und diese Verwandlung in den Stadien der Elemente erkennen. Stattdessen quälen wir die Schüler mit Formeln.
Geschichte, Chemie, und die anderen Fächer — lauter Entfremdungen des Schülers, der Schülerin von sich selbst. Wie die Physik des Toten!

Erwin CHARGAFF

„Es gibt Kategorien, vor denen unsere Grammatik versagt: Gott, Leben, vielleicht auch Zeit und Kraft, wahrscheinlich Tod, Anfang aller Dinge, Ewigkeit. (...) Ich glaube, daß wir einen viel zu engen Begriff vom Leben haben; auch unsere biologischen Wissenschaften sind auf den Augenblick zugespitzt. Man könnte sagen, daß das Leben nur als Werden erkannt wird und das Anorganische als Sein. Aber die Übergänge sind uns meistens verborgen. Wenn das Lebewesen stirbt, hört es auf zu werden und wechselt durch die Verwesung zum Sein hinüber. Den umgekehrten Weg ist nichts gegangen; oder es wäre richtiger zu sagen, daß wir den Weg vom Sein zum Werden nicht wahrnehmen könnten, wenn er mit sehr großer Langsamkeit vor sich ginge. Da wir das Werden messen zu können glauben, denken wir, daß wir auf diese Weise das Leben messen können, was jedoch nur in bestimmten Grenzen zutrifft. Der Eintagsfliege muß es erscheinen, daß sie das einzige lebende Wesen auf der Welt ist. Und umgekehrt, wenn wir von Lebewesen umgeben wären, deren Lebensspanne das Tausendfache der unsern ist, wüßten wir, daß sie leben? In diesem Sinne könnte man fragen: lebt nicht auch der Fels? – denn gegenüber den Größenverhältnissen der Welt sind wir selbst wissenschaftliche Eintagsfliegen. Unsere Instrumente und Apparate sind Abklatsche unserer eigenen Existenz. Die Quantensprünge der Ewigkeit gehen auf anderen Skalen vor sich." (...)

(Aus UNBEGREIFLICHES GEHEIMNIS, Stuttgart: Klett-Cotta, 1981.)

DER SECHSTE SINN

Vielleicht auch noch der siebente, achte und neunte, wer weiß? Aber beginnen wir mit dem sechsten!
Daß er kein unheimliches, sondern ein wunderbares und auch höchst nützliches Talent ist, weiß jeder, der ihn hat. Also warum ihn nicht ausbilden? Und ich würde diese Ausbildung ganz regulär in den Schulunterricht aufnehmen. Die Schüler werden, da bin ich sicher, ihre helle Freude daran haben.
Wir wollen damit beginnen, Sachen zu erraten. Das ist wie ein Spiel und macht Spaß. Was habe ich in meiner Hand? Und was im Kopf, woran denke ich gerade? Wer steht draußen vor der Tür? Wie spät ist es, wenn du nicht auf die Uhr schaust?
Mach die Augen zu! Was siehst du im Zimmer? Was tut Hans in diesem Augenblick, und was Gretchen? Schau nicht, hier sind lauter Farbtöpfe. Halt deine Hände darüber. Ist es kalt, ist es warm? Spürst du, was für eine Farbe das ist?
Es gibt eine ganze Menge solcher und ähnlicher Spiele, die natürlich mehr als Spiele sind, und wir können fortwährend neue erfinden. Unsere Sinnesorgane werden dabei sensibilisiert. Aber nicht nur! Sie werden tatsächlich erweitert.
Was bedeutet das? Es bedeutet, daß wir allmählich die Welt anders wahrnehmen werden, und uns in einer anders wahrgenommenen Welt anders verhalten. Wer das Wunder der Entfaltung seiner Sinne erlebt, und in ihnen die Entfaltung neuer Welten, wird sich kaum mehr für Terror und Krieg interessieren.
Allmählich werden wir auch beginnen, uns ein wenig freier im Raum und der Zeit zu bewegen, was man für gewöhnlich Hellsehen nennt. Wir müssen es gar nicht erst lernen! Was wir lernen und lehren müssen, ist viel-

mehr, nicht mehr alle Wahrnehmungen, die uns nicht ins Bild passen, zu leugnen.
Bilder, auch Weltbilder, sind nämlich Prozesse, die wir nur dann in Rahmen spannen dürfen, wenn wir erkannt haben, daß sie über sämtliche Rahmen hinausreichen.
„Wenn jetzt ein Engel durchs Zimmer geht", fragte ich Heinz Zemanek, den Kybernetiker, „würden wir ihn sehen?" Der Professor dachte kurz nach. „Nein", sagte er. Eben! Wir sollten aber Kinder erziehen, deren Wahrnehmung durch unsere Erziehung nicht schrumpft! In unserem Gehirn ist nämlich ein Amt zur Ausfilterung von Wahrnehmungen installiert, und dieses Amt möchte ich zusperren.

Kann und darf ich es tun? Nein. Denn dann würden wir im reißenden Strom der Wahrnehmungen buchstäblich untergehen. Im Kugelfeuer der Informationen in unserer Identität verwundet werden, wahrscheinlich sogar sterben. Also sollten wir dieses mysteriöse Amt in unserem Kopf nicht lieber durch Einstellung neuer Zensoren vergrößern?
Nein! Auch nicht? Also was dann . . . Nun, es ist wie mit den Schuhen. Wenn wir Kinder sind, brauchen wir kleine. Und je größer wir werden, umso größere Schuhe brauchen wir, um ohne Schmerz gehen zu können.
Unser Gehirn ist auch so eine Art linker und rechter Schuh. Und wir wachsen? Aber gewiß, obwohl dieses Wachstum möglicherweise ein Pulsieren in sehr großen Zeiträumen ist. Im Moment dehnen wir uns jedenfalls aus. Darum sollen und müssen wir auch unsere Wahrnehmungen ausdehnen oder, mit einem anderen Wort, unsere Welt.
Langsam. Wir müssen sie langsam ausdehnen, damit sich unser Geist nicht verwirrt. Denn die Quantensprünge, die ich so liebe, werden im Singular, nicht im Plural vollzogen.
Langsam, sehr langsam wollen wir den Geist des Schü-

lers an ihm längst vertraute Dimensionen erinnern. Und auch daran, daß er werden muß, was er ist.
Zum Beispiel, allwissend.

Jean HOUSTON

„Wir müssen den Körper wieder als einen Verbündeten betrachten: bemerkenswert in seiner Bereitschaft, uns durchs Leben zu tragen, obwohl wir oftmals Schindluder mit ihm treiben, lang leidend bei dem Versuch, sich mit einem überwiegend tauben Bewußtsein in Verbindung zu setzen.
Durch unseren Körper erfahren wir die Außenwelt und lernen sie kennen. In dieser Verkörperung sind wir Materie gewordener Geist und wirken durch Haut, Muskeln und Knochen auf unsere äußere Umgebung ein. Ein wahres Wunder, dieser hochspezialisierte und flexible Organismus, der einzig allein dazu bestimmt ist, Informationen zu verarbeiten. Da der Körper in jeder Sekunde Tausende von Informationseinheiten empfängt und auswertet, kommt es in unserem chemischen Haushalt zu unendlichen kleinen Anpassungen, und fern von unserem Bewußtsein finden subtile Veränderungen der Muskeln und Nerven statt. Anhand der bekannten Kunststücke von Yogis und der Untersuchungen aus den Biofeedback-Laboratorien wird deutlich, daß Bewußtsein tatsächlich durch unseren Körper erweitert werden kann. Und diese Bewußtseinserweiterung führt zu einer besseren Gesundheit und zu einer gesteigerten Wahrnehmungsvielfalt.
Diese Forschung unterstreicht die Möglichkeit, daß ein jeder von uns Bewußtsein in die Funktion und Bewegungen des Körpers einbringen kann, — daß es möglich ist, das Aktivieren einzelner motorischer Neuronen durch bewußt gelenktes Denken zu steuern. Mit einem fein entwickelten Körperbewußtsein kann das Individuum zum bewußten Komponisten und Dirigenten der Gesundheit werden. Wir können uns nicht länger vor der Tatsache verschließen, daß Psyche und Soma unentwirrbar miteinander verwoben sind.

... Ironischerweise sind wir allzu oft eher von einem Bewußtsein des Körpers weg- als hinergezogen worden. Der lebhafte, wirklich zappelnde Körper des Kindes wird zum ‚Stillsitzen' angehalten, um so seinen natürlichen Antrieb zu Bewegung und Erkundung zu unterdrücken, da er an Stuhl und Schulbank gefesselt ist. — Unter diesen Umständen werden die körperlichen Beschwerden ins Unterbewußtsein verwiesen, und das Vergessen, das Schlafen setzt ein.
Selbst wenn wir unsere Aufmerksamkeit auf das Körpertraining richten, liefern wir dafür häufig Modelle, die ein bedenklich verzerrtes Körperbild zur Folge haben. Wir machen uns deshalb oft schuldig, weil wir den Körper als etwas betrachten, ‚das auf Trab gebracht' werden muß, und das so entschieden wie möglich. Die daraus resultierende Starrheit in der Körperhal-

tung spiegelt sich häufig in einer entsprechenden Starrheit der Wahrnehmung, der Empfindung und der Erkenntnis wieder. Die Drillübungen in der Grundschule veranschaulichen diese Auswirkung in einer mir stets unvergesslichen Art und Weise.
Wenn unser Lehrer schnauzte: ‚Brust raus! Bauch rein! Vorwärts marsch!', dann zogen die Schüler ihren Babyspeck ein, warfen ihre knochige kleine Brust raus, hielten den Atem an, liefen rot an im Gesicht und starrten mit herausquellenden Augen stur nach vorn, während sie mit ihrem Körper durch den Klassenraum stolzierten. Ich erinnere mich daran, daß ich mir besonders brav vorkam, wenn mein Gesicht rot anlief und meine Schultern zu schmerzen begannen. – Sobald meine zusammengezogenen Nackenmuskeln die Blutzufuhr zu meinem Gehirn unterbanden, verschwamm alles um mich herum, und nur der Tunnelblick blieb übrig. Es gab kein Rechts, kein Links, kein Oben, kein Unten, nur ein Geradeaus, wo ich aus einer unnatürlichen Entfernung eine Welt der Sachen und Objekte erblickte.-
- Diese spezielle Körperhaltung, altehrwürdig in Kader und Klassenraum, bereitet den Körper auf Krieg vor – sie läßt Gelenke und Muskeln zu einem Panzer werden, stellt den Verstand auf ein Abstellgleis und rüstet den Unvorsichtigen für einen unheiligen Kreuzzug gegen die Natur, gegen Gefühle, gegen andere, gegen das Wissen und gegen sich selbst.
Wenn ich statt dessen im Stehen mein Bewußtsein in die Mitte meines Körpers verlagere, ungefähr zwei bis drei Zentimeter unterhalb des Bauchnabels (was die Japaner als hara und die Chinesen als t'an chien bezeichnen), dann tief zu dieser Mitte hin einatme, dabei meine Schultern fallen lasse und meinen Körper sich einfühlen lasse in eine Stelle, bei der er mehr und mehr auf diese Mitte achtet, dann bemerke ich eine deutliche Verschiebung in meinen Wahrnehmungen. Ich habe jetzt ein breiteres Blickfeld, ein ausgeprägtes Gefühl für Bewegungsfreiheit und eine größere Aufnahmefähigkeit anderen in meiner Umgebung gegenüber. Mit diesem einfachen Wechsel der Körperhaltung wird nicht nur die Struktur der Skelettmuskeln wesentlich verändert, sondern zwangsläufig auch die Wahrnehmungs- und Nervensysteme. Es kommt zu einer natürlichen Anmut und Beweglichkeit, die über die Bewegung hinausgeht, hin zur eigenen totalen Beziehung mit der inneren und äußeren Welt ...

Während wir lernen, mit unserem Körper umzugehen, leben wir in einem Zustand von beinahe fortwährender Offenbarung. – – – Um mit der Weisheit des Körpers in Kontakt zu treten, haben wir uns der Visualisierung und der geistigen Bilder bedient. Es handelt sich dabei um Techni-

ken, die sich seit Jahrtausenden als nützlich für die Selbstheilung erwiesen haben. Durch zahlreiche Studien wurde bestätigt, daß intensiv erlebte Phantasiebilder, also Vorstellungen, die sowohl sichtbar als auch fühlbar sind, einen erheblichen Einfluß haben können auf Gehirnwellen, Blutstrom, Herzschlag, Hauttemperatur, Magensekrete und Immunreaktion – genaugenommen, auf die gesamte Physiologie ...
... Nichts wird dem Körper beigebracht, was nicht auch die Sinne und schließlich die Kultur erweist und durchdringt. Wenn man zu einer Gruppe von Siebenjährigen sagt: ‚Brust raus, Bauch rein ... vorwärts marsch!', dann ist das wie ein Befehl, der sie Zeit ihres Lebens verfolgt. Irgendwie hört man den gleichen Befehl immer wieder, und durch seine kumulierende Wirkung entstehen von Mauern umgebene Menschen und Nationen, deren wesentliches Merkmal ihre oppositionelle und ablehnende Haltung ist. Es ist an der Zeit, den Befehl zu ändern, damit die Sieben- und Siebzigjährigen die Herrlichkeit ihres Körpers zurückfordern können."

(Aus DER MÖGLICHE MENSCH, Basel, Sphinx Verlag, 1984.)

Kaye HOFFMANN

„Ein Yogi gab eine Einführung in seine Art der Meditation. – Er saß im Lotussitz da und atmete ruhig und tief. Nach kurzer Zeit trat eine Veränderung ein: sein Körper schien größer zu werden, und gleichzeitig zu erstarren, zu einer Statue zu werden, die mit dem Rücken in einem Strom gebettet daherzutreiben schien. Gleichzeitig erfüllte ein Rauschen den Raum. – Später unterhielten sich die Anwesenden darüber, was sie wahrgenommen hätten. Und alle waren mit dem Phänomen konfrontiert, eine Abwesenheit, die eine Anwesenheit ist, miterlebt zu haben. –
Anwesenheit hat für uns zunächst weniger mit Wesen zu tun, sondern bedeutet vor allem Dasein der Leibesfülle, wobei der Leib als Sack oder Paket, als ein geschlossener Hautbeutel mit Inhalt vorgestellt wird. – Ein anderes Körpergefühl ergibt sich, wenn ich deshalb nicht den Körper vom Scheitel bis zur Fußsohle im Hier und Jetzt zu erzwingen versuche, sondern über den Scheitel und die Fußsohle als über die körperlichen Grenzen der Haut hinaus mein Dasein erstrecke: mein Körper wird zum Kanal. Er hat zwei Öffnungen, nicht nur eine – oder die andere. Beide Öffnungen, nach oben und nach unten, stehen offen. Ich stelle mir einen Luftzug vor, der hindurchweht. So wird mein Atem nicht eingeholt und herausge-

preßt, sondern kommt und geht, wie der Wind. Nicht ich bewege mich, sondern ich werde bewegt: es atmet mich."

(Aus TANZ TRANCE TRANSFORMATION, München, Dianus-Trikont, 1984.)

George LEONARD

„Für die meisten Menschen unserer Kultur besteht das normale Sehen darin, die Augen auf besondere formale Gegebenheiten zu fokussieren und ihnen Gestalt, kulturelle Bedeutung und einen Namen zu verleihen. Diese Art des Sehens, die ich mit dem Begriff scharfer Blick bezeichne, ist im Grunde analytisch; Figuren werden dadurch von dem Grund abgehoben, in welchem sie praktisch existieren – ‚Objekte' werden geschaffen und scharf voneinander abgegrenzt. Sehen mit dem scharfen Blick ist eine positive Handlung; sie erfordert eine aktive Aneignung der Welt. Mit dem scharfen Blick können wir das Kleingedruckte lesen.
Der scharfe Blick eignet sich für viele, aber nicht für alle Situationen. Die visuelle Aufnahme, die ich als weichen Blick bezeichne, stellt eine Alternative dazu dar. Diese Art der Aufnahme ist rezeptiv statt zupackend und zielt nicht auf eine Analyse, sondern auf eine Synthese ab. Mit dem weichen Blick nehmen wir ein ganzes Gesichtsfeld in Form von Energien und Bewegungen wahr, aus denen es besteht, statt die Ansammlung getrennter Objekte zu sehen, die darin enthalten sind. Die übliche Unterscheidung zwischen Figur und Grund ist weniger ausgeprägt. Beim weichen Blick ist das periphere Sehvermögen erhöht, die Tiefenwahrnehmung scheint größer zu sein und die Farben sind erstaunlich leuchtkräftig.
Der weiche Blick ist nicht nur eine alternative Sichtweise, er zieht auch einen veränderten Bewußtseinszustand nach sich. Sobald man die Kunst des weichen Blicks gemeistert hat, kann dieser Zustand in einem Sekundenbruchteil erreicht werden. – Beginnen Sie, indem Sie mit geschlossenen Augen in (einer) ausbalancierten und zentrierten Haltung stehen. Dabei ist es besonders wichtig, daß ihre Schultern und ihre Bauchregion entspannt sind; der weiche Blick ist bei angespannter Schultermuskulatur oder verkrampfter Bauchregion praktisch unmöglich zu erreichen. Die Atmung sollte wie immer spontan und nicht kontrolliert sein.
Massieren Sie nun beide Augäpfel sehr sanft mit den Fingerkuppen beider Hände durch die geschlossenen Lider, bis die Augäpfel etwas weicher zu werden scheinen. Lassen Sie dann die Hände seitlich herunterhängen und

überprüfen Sie, ob die Arme völlig entspannt sind. Achten Sie bewußt auf ihre Atmung. Öffnen Sie beim zweiten oder dritten Einatmen die Augen und lassen Sie die Welt herein. Fixieren Sie nichts und versuchen Sie nicht, das natürliche Blinken der Augen zu verhindern. Greifen Sie nicht mit dem Blick nach etwas, fokussieren Sie kein Objekt und keinen Punkt Ihres Gesichtsfeldes. – Der Blick (ist) auf nichts Bestimmtes gerichtet. Die Augen sind einfach offen.
Werden Sie nun des gesamten Gesichtsfeldes gewahr, ohne einem Teil größere Aufmerksamkeit zuzuwenden als einem anderen. Betrachten Sie jede Bewegung, jede Form und Farbe als einen integralen Teil des ganzen Feldes, der mit allem übrigen in Beziehung steht.
Die Füße fest auf den Boden geheftet, drehen Sie den Körper von der Hüfte aus nach links und rechts und lassen Sie die Arme dabei frei schwingen. Durch diese Bewegung kann der weiche Blick das gesamte Gesichtsfeld erfassen und mühelos alles Sichtbare miteinander in Beziehung setzen. Vielleicht werden Sie eine gesteigerte Tiefenwahrnehmung und eine Intensivierung der Farben feststellen.
Anschließend können Sie umhergehen und den weichen Blick an einem beweglichen Gesichtsfeld erproben. Achten Sie darauf, daß Sie blitzschnell vom weichen Blick auf den scharfen Blick umschalten können.

... Alle intuitiven Fähigkeiten scheinen gesteigert zu sein. Beim Umschalten vom scharfen auf den weichen Blick verändert sich anscheinend das Hirnwellenmuster. – Die verbal-rationale linke Hemisphäre (schaltet) praktisch auf Leerlauf – und (überläßt) der intuitiven, mustererkennenden rechten Hemisphäre die Führung –."

(Aus DER RHYTHMUS DES KOSMOS, Bern, Scherz Verlag, 1983.)

WAS SOLL DER UNSINN?

Das werden viele jetzt fragen. Wahrscheinlich haben sie diese Frage sogar schon viel früher gestellt. Kinder schickt man in die Schule, damit sie was lernen, so daß etwas Rechtes aus ihnen wird.
Da bin ich ganz ihrer Meinung! Aber w a s sollen sie lernen? Diesen Haufen unnützes Zeug, mit dem man Generation auf Generation von Schülern gequält hat? Und ist dabei etwas Rechtes aus ihnen geworden, oder vielleicht gar etwas Falsches?
Betrachten wir die Welt, in der wir leben! Betrachten wir sie ruhig, wie wir es gelernt haben, mit eingezogenem Bauch, Brust heraus, Leibesfülle im geschlossenen Hautbeutel. Betrachten wir sie mit scharfem Blick, vorwärts marsch!
Vorwärts? Welche Richtung ist das, in der wir marschieren? Denn es gibt nicht nur die eine. Jeder Augenblick unseres Lebens ist ein Mittelpunkt, von dem sternstrahlenförmig lauter Wege nach allen Richtungen abgehen. Aber wir zögern keinen dieser Augenblicke. Wir scheinen einen Kompaß in unserem Kopf zu haben, der uns unbeirrbar in eine einzige Richtung führt. Diese Richtung nennen wir Fortschritt.
Schulen scheinen demnach Anstalten zu sein, die diesen unfehlbaren Kompaß in die Köpfe der Schüler einbauen, war für beide, Schule und Schüler, eine rechtschaffene Plage ist. Aber der Fortschritt, zu dem selbstverständlich auch die Allgemeinbildung gehört, lohnt jede Mühe.
Womit lohnt er sie denn?

„Rüstungsabbau wird unmöglich sein ohne eine Reduzierung unserer Forderung, unhinterfragt den Zugriff auf materielle Ressourcen dieser Welt zu beanspruchen. Im Augenblick glauben wir, daß die Menschen die Welt kontrollieren. Wir glauben ein Geburtsrecht zu haben, die Natur auszubeuten, zu erobern, und den Reichtum unseres Planeten zu verschwenden für unsere Bequemlichkeit und unseren Luxus, und tun zu können, was uns beliebt. Alles sollte auf Knopfdruck für uns bereit sein. Wir führen Krieg mit der Natur. Dieser Kriegszustand ist entstanden aus unserem Verlangen nach ökonomischem Wachstum und materiellem Komfort. Um diese Habgier zu befriedigen, trachten wir danach, die Nordsee so schnell wie irgend möglich auszubeuten, damit wir mehr Rolls Royces und mehr Concordes benützen können. Es sollte möglich sein, zwei Stunden auf dem Flug nach Amerika zu sparen, ganz gleich, was mit unseren Kindern und Kindeskindern, der kommenden Generation, geschieht. Es kümmert uns nicht. Wir wollen kurzfristig ökonomischen Gewinn. Die Art, wie wir unsere Böden, die Erde, das Land und die Tiere behandeln, wie wir mit unseren Flüssen, der Luft, dem Wasser, den Meeren und Bergen umgehen und wie wir die Wälder roden, zeigt unsere Geringschätzigkeit gegenüber der Natur. In jeder Hinsicht sind wir völlig anthropozentrisch geworden. Ich habe sogar Probleme mit dem Wort ‚Brüderlichkeit', da es eine Einschränkung auf die menschliche Welt bedeutet. Ich würde Brüderlichkeit, Schwesterlichkeit und Naturliebe (= Natür-lichkeit) mit einschließen.
Und falls uns dies gelingt, dann sollten wir damit beginnen, über unseren Alltag nachzudenken: wie wir leben, welche Art von Arbeit wir verrichten. Die fundamentalste Äußerung mit sich, mit der Welt und der Natur in Einklang zu sein, liegt in unserer Arbeit. Wie viele Menschen arbeiten wirklich mit Freude, mit einem Gefühl der Erfüllung und schöpferischen Befriedigung? Wieviel Lehrer stehen am Morgen auf und denken: ‚Ich gehe, um meine Schüler zu unterrichten, es ist wirklich eine Freude für mich, ihnen etwas von mir selbst geben zu können!' Wieviele Ärzte gehen in die Klinik und denken: ‚Ich bin berufen zu heilen und mich meinen Patienten zu widmen.' Arbeit ist Gebet – aber nicht die Art von Arbeit, die wir heute verrichten. . .
. . . Wir stehen auf einer hohen zivilisatorischen Entwicklungsstufe. Die industrielle Revolution liegt hinter uns und jetzt steuern wir auf die elektronische Revolution zu. Wir haben einen Überfluß an Konsumgütern. Wir haben den Weltraum erobert und den Mond ‚kolonisiert'. Aber all dies ist uns nicht genug. Wir sind noch immer vom Gedanken eines wirtschaftlichen

Mehrwachstums besessen. Besessen ist das richtige Wort: Wir sind völlig besessen von unserer materiellen Produktivität. All unsere Energie, unser ganzes Denken und unsere Forschung sind darauf gerichtet. Unsere politischen Führer, das Parlament und unsere Medien verwenden den größten Teil ihrer Zeit für die Schaffung weiteren Wachstums, von mehr Produktivität und mehr Exporten. Nun erhebt sich die Notwendigkeit an der ökonomischen Front haltzumachen, wir haben genug. Und genug ist genug."

(Aus FRIEDEN BEGINNT MIT POSITIVEM DENKEN in VIELE WEGE, München, dianus-trikont, Metapolitik, 1985.)

WIR BRAUCHEN EINEN ANDEREN KOMPASS

Denn wohin wollen wir gehen? Und wohin wollen wir unsere Kinder schicken? Denken wir überhaupt nicht mehr darüber nach?
Wenn wir uns im Spiegel unserer Wünsche sehen, erschrecken wir nicht? Sie sind nicht zu groß, unsere Wünsche. Sie sind erbärmlich klein. Und für diese erbärmlich kleinen Wünsche machen wir uns selbst, machen wir einander, und machen wir die Erde kaputt? Ja, sind wir wahnsinnig geworden?
Ich fürchte. Und es ist nicht jener Wahnsinn, der uns nach oben transzendieren läßt, sondern der andere. Die ordinäre Variante.
Wir haben also kein Recht, uns selbst zu reproduzieren. Und wenn schon im Fleisch, dann wenigstens nicht im Geist! Unsere Schulen müssen noch viel radikaler verändert werden, als ich — selbst ein Produkt wahnsinniger Erziehung — es in diesem Buch vorzuschlagen vermag.

Was also sollte wirklich gelehrt werden? Nun, alles, was der Mensch zu einem guten Leben braucht. Friedlichkeit, Freundlichkeit, Mitleid. Humor als Fähigkeit, sich selbst zu relativieren. Hilfsbereitschaft, die ohne Mühe und Pathos aus der Erkenntnis fließt, daß alle Wesen dieser Erde — und nicht bloß die menschlichen! — eine einzige große Familie sind. Die Weltfamilie, und dasselbe Sein pulsiert in uns allen, auch wenn wir ihm so viele verschiedene Namen geben.
Dafür, sagen Sie, ist das Elternhaus zuständig, und eventuell noch der Herr Pfarrer? Das mag, wenn sie Glück haben, für einen Teil der Kinder zutreffen. Den gewiß kleineren Teil. Vergessen wir nicht, auch die Eltern und

Herren Pfarrer sind ja von jenen Erwartungen und Wahrnehmungen geprägt, die uns in die Irre des zerstörerischen Fortschritts geführt haben, und von denen wir uns gerade zu lösen veruchen. Wir müssen also mehr Aggression als Güte von ihnen erwarten, mehr Angst als Humor, mehr Rechthaberei als Verständnis für sämtliche Positionen auf dem Spielbrett des Lebens. Eher schon wird es in nächster Zukunft so sein, daß die Kinder ihren Eltern bei der Auflösung alter Vorurteile und charakterlichen Verhärtungen helfen, und es sollte keine Schande sein, die Hilfe der Kinder anzunehmen, sondern eine sehr große Freude.
Was lehren wir noch? Alle Künste und Fertigkeiten, die für ein freies Leben notwendig sind. Wie baue ich ein gesundes Haus? Wie pflanze ich einen Gemüsegarten? Wie mache ich aus Holz einen Schrank, einen Tisch, eine Bank? Und wie bereite ich ein Lager, das den Körper nicht krank macht im Schlaf, sondern heilt, was der Tag ihm vielleicht an Schmerz zufügte.
Auch den Umgang mit dem eigenen Körper sollte der Schüler lernen. Wie er ihn harmonisch und gesund erhält, und wie er Krankheiten vorbeugen kann. Auch, wie er leichte Krankheiten selbst zu heilen vermag. Nicht durch gefährliche Chemie, sondern durch alternative sanfte Methoden.
Ein wenig Schneidern, Schustern, Töpfern und so weiter wäre nicht übel. Auch über das Pflanzen von Bäumen sollte er Bescheid wissen, und über das Halten von Tieren.

Wird der Schüler das alles lernen? Wohl kaum. Aber man kann es ihm anbieten und ihn auswählen lassen. In der Praxis des Lebens wird es ohnedies zum Austausch der Fertigkeiten kommen, du baust mir ein Haus, und ich nähe dein Gewand. Ich flicke Schuhe, du kochst. Kochen ist eine wichtige Sache, und wir sollen den Kindern früh beibringen, was gut für ihren Körper ist, und

somit auch für ihren Geist. Die alten Völker wußten das instinktiv. Dafür haben wir die Ernährung zur Wissenschaft gemacht, und man mache die Schüler, Knaben wie Mädchen, rechtzeitig mit ihr vertraut!
Das ist lauter handfester Lehrstoff, der die Kinder mit der Erde verbindet. Und nur, wenn sie fest mit ihr verbunden sind, können sie sich auch von ihr lösen. Dann dürfen wir ihre Flügel ohne Gefahr wachsen lassen und ihnen zeigen, wie man sich auf ihnen in die Lüfte eines anderen Bewußtseins erhebt.
Einige werden sich höher erheben, und andere nur ein bißchen. Darauf kommt es nicht an. Wesentlich ist, daß man sie wie Instrumente zum Klingen bringt, und zwar in allen Tonarten. Und daß man ihnen die Musik zeigt, die sie auf dieser Welt spielen können, und sie ermuntert, diese Musik durch eigene Kompositionen zu bereichern. Ich spreche von der Musik des Bewußtseins, die erst alles zum Klingen bringt, und jedes Mal anders, und immer neu.

Aber wovon, fragen Sie mich womöglich, sollen diese menschlichen Flöten und Trommeln und Geigen später leben? Wir müssen sie auch darauf vorbereiten, Industriemanager und Banker und Fabriksarbeiter zu werden! Und so fort, und so fort.
Da bin ich nicht sicher. Denn diese riesige Maschinerie mit ihren unzähligen Rädchen, hat sie wirklich funktioniert? War der Erfolg der Vergangenheit so groß, daß wir sie prolongieren sollten? Sind wir glücklich?
Wir sind es nicht. Oder doch viel zu wenig. Und nicht immer aus Gründen, die uns zur Ehre gereichen. Können wir uns eine bessere Welt vorstellen? Wir können. Nun, dann fangen wir damit an!

Die Vorstellung der Welt beginnt in der Schule. Die Welt wird in unseren Köpfen verändert und nirgendwo

sonst. Und wir haben allen Grund, sie schnell zu verändern!
Sonst haben wir womöglich keine Köpfe mehr.

Helen CALDICOTT

„Angesichts der Bedrohung, welche die Atomtechnologie für die Biosphäre darstellt, müssen wir erkennen, daß der Homo sapiens einen evolutionären Wendepunkt erreicht hat. Tausende von Tonnen radioaktiven Materials, die durch atomare Explosionen und Reaktorabfälle freigesetzt wurden, breiten sich nun in unserer Umwelt aus. Sie sind nicht biologisch abbaubar und manche gefährliche Substanzen werden wir im Grunde überhaupt nicht mehr los."

(Helen Caldicott beschreibt ein ‚meltdown', das ist jene Katastrophe, bei der der Reaktorkern eines Atomkraftwerks durchschmilzt, wie es in Harrisburg beinahe geschah.)

„Beim Durchschmelzen eines Reaktorkerns würde vermutlich ein Stück Land in der Größe von Pennsylvania verseucht werden. Aufgrund der ungeheuren Strahlung würden über 3000 Menschen sofort in den ersten beiden Tagen sterben. Zwei bis sechs Wochen später würden dann etwa zehn- bis hunderttausend Menschen an einer neuen Art von Krankheit elend zugrunde gehen: man nennt sie akute Strahlen- Krankheit. Vor dem Abwurf der Bombe über Hiroshima hatte man so etwas noch nie beobachtet. Ungefähr zwei Wochen lang fühlten sich die Leute ganz normal und so dachten sie schließlich: ‚Offenbar habe ich Glück gehabt, ich bin ja ganz gesund.' Dann aber merkten sie plötzlich beim Kämmen, daß ihnen die Haare in dicken Büscheln ausfielen, wenig später wurden sie völlig kahl. Auf ihrer Haut entwickelten sich Geschwüre, unter der Haut bildeten sich kleine Blutflecken. Bald darauf bildeten sich auch in ihrem Mund Geschwüre, sie litten unter Erbrechen und Durchfall. Schließlich kam es zu schweren Blutungen oder Infektionen. So stirbt man häufig, wenn man Leukämie hat.
Weiterhin würde sich bei Hunderttausenden eine Überfunktion der Schilddrüse bemerkbar machen, denn die radioaktiven Ionen können die Schilddrüse zerstören oder zumindest schwer beeinträchtigen. Die Überfunktion der Schilddrüse ist eine Krankheit, die man durch die Substitutionstherapie zwar in ihrer Auswirkung mildern kann, aber der Stoffwechsel der so behandelten Patienten verlangsamt sich, sie werden sehr schwerfällig, können nicht mehr klar denken und leiden unter schwerer Verstopfung.
Hunderttausende von Männern würden vorübergehend nicht mehr zeugungsfähig sein, denn radioaktive Strahlung schädigt auch die Hoden. Daraus ergibt sich ein sehr ernstes moralisches Problem, mit dem man sich später auseinandersetzen muß. Was sollen die Männer tun, die zwar zeitweilig aufgrund von Strahlenschäden ihre Zeugungsfähigkeit verloren ha-

ben, sie aber dann später wieder zurückgewinnen? Es liegt klar auf der Hand, daß sie keine Kinder zeugen sollten, denn die Gene in ihren Sperma könnten so mutiert worden sein, daß ihre Kinder möglicherweise mit Mißbildungen zur Welt kämen. Es könnte aber auch der Fall eintreten, daß die mutierten Gene von Generation zu Generation weitervererbt würden, wie es zum Beispiel bei zystischer Fibrose, Diabetes und anderen Krankheiten geschieht.

Tausende von Frauen würden keine Menstruation mehr haben. Bei vielen tausenden Menschen käme es zu einer akuten Beeinträchtigung der Atmung, denn radioaktive Gase können Verbrennungen in der Lunge verursachen. Babies würden mit einem Mikrocephalus geboren werden, geistig zurückgeblieben und mit winzigen Köpfen wie in Hiroshima. Andere wären schwachsinnig, denn radioaktive Jodmoleküle sind in der Lage, die Schilddrüse zu zersetzen, die für die Entwicklung des Nervensystems im Fötus sorgt. Es gäbe viele spontane Frühgeburten. Fünf bis zehn Jahre später würde die Leukämie dramatisch zunehmen, rund fünfzehn Jahre später gäbe es Hunderttausende von Krebskranken, und ihre Zahl würde in den nächsten fünfzig Jahren dauernd steigen. Wenn man die Todesfälle zusammenzählt und dabei nicht nur die Menschen berücksichtigt, die sofort sterben, sondern auch die, die erst an den Spätfolgen der Strahlung sterben werden, dann beträgt die Zahl der Toten nach einem ‚meltdown' ungefähr eine halbe Million."

(Aus ES GEHT UMS ÜBERLEBEN! in VIELE WEGE, München, Dianus-Trikont, Metapolitik, 1985.)

WÜNSCHELRUTE

Ich weiß nicht, ob jedes Kind den Umgang mit der Wünschelrute erlernt. Aber lernen sollte es ihn jedenfalls! Der Raum ist nämlich so wenig homogen wie die Zeit, und von Linien der Kraft durchzogen. Unsere Position in der Zeit läßt sich nicht verändern, oder doch? Wir kommen später darauf zurück. Aber welche Position im Raum wir einnehmen, bestimmt weitgehend unsere körperliche, geistige und seelische Befindlichkeit. Obwohl ich das Gefühl habe, daß diese Trinität nicht stimmt oder auf andere Weise, als wir das annehmen. So oder anders, unsere Befindlichkeit hängt tatsächlich davon ab, wo wir uns befinden. Und ist Sprache nicht wirklich eine Offenbarung? In einem Wort bewußt zu werden, ist ein blitzartiger Akt der Erkenntnis.
Geomantie ist eine sehr alte Wissenschaft, die wir eben wieder entdecken. Aber zwischen Vergessen und Wiederentdecken – wie viele Häuser wurden an falschen Orten erbaut, wieviele Betten und Schreibtische an den dafür ungeeignetsten Plätzen aufgestellt! Und ich spreche nicht aus der Theorie, ich spreche aus der Erfahrung.
Fast jedes Krankenhaus hat ein Bett, in dem kein Patient gesund werden will, oder gar eines, in dem jeder stirbt. Und schon der Weg in eines der vielen Krankenhäuser beginnt im eigenen Haus, in der eigenen Wohnung, am eigenen Arbeitsplatz.
Wer zweifelt, möge – so er einen Garten hat – seine Bäume beobachten, seine Sträucher, seine Blumen. Denn es gibt Stellen, an denen gedeiht einfach nichts. Oder andere, Randzonen, wo die Pflanzen verzweifelt von den Plätzen fortwachsen, in die wir ihre Wurzeln eingruben. Warum?
Unsere Bauern wissen noch darüber Bescheid, wenig-

stens im Waldviertel, wo ich lebe. Bevor sie einen Baum pflanzen, gehen sie mit der Haselrute über den Boden. Manche mögen Wasseradern unter der Erde, noch dazu, wenn sie sich kreuzen. Andere nicht. Menschen, Hunde und die meisten Pflanzen mögen sie nicht. Katzen lieben sie! Aber Katzen sind übernatürliche Tiere. Obwohl die Grenze zwischen Natürlich und Übernatürlich weiter nichts als die Grenze unseres Wissens ist.
Was tun Katzen, die stundenlang auf ihren Lieblingsplätzchen dösen? Nun, sie entschlüpfen ihren dösenden Katzenleibern und ziehen auf Abenteuer aus, die wir nicht einmal erträumen! Ich weiß es, denn ich bin eine solche Katze in Menschengestalt.

Die sogenannten Heiden haben es auch gewußt, denn sie erbauten ihre Heiligtümer auf solchen Katzenplätzen. Der Geist wanderte frei. Und die Christen bis vor ein paar hundert Jahren wußten es auch. Aber dann kam Sir Isaak Newton, und die geheimnisvolle lebendige Welt wurde zur toten Maschine.
Wirklich? Geben wir ihm keine Schuld! Er symbolisiert einen Schritt, ein Moment in der Zeit. Und in diesem Moment hat gestimmt, was er lehrte.
Nun, dieser Moment ist vorbei. Newton erwacht aus dem Schlaf, in den William Blake ihn versenkt sah, und entpuppt sich als Mond. Wir haben seine Rückseite nicht erkannt.
Er ist ebenso altmodisch wie modern! Und teilt dieses Los vermutlich mit allen bedeutenden Leuten. Ich habe eine merkwürdige Zeitsymmetrie zwischen Zukunft und Vergangenheit entdeckt. Begabte Menschen sind immer symmetrisch. Das heißt, je tiefer sie in der Vergangenheit verwurzelt sind, umso weiter reichen sie in die Zukunft.

Während wir uns grollend von Newton entfernen, gehen wir ihm schon wieder entgegen. Erleichtert verlassen wir seine mechanische Welt des absoluten Raums,

der absoluten Zeit und der getrennten materiellen Objekte. Und zugleich treten wir in sein magisches Reich des Geistes ein. Denn Newton ahnte bereits, daß Materie und Licht sich ineinander verwandeln. Der Alchemist Newton träumte von der Wiederherstellung des Lichtleibs — ein Wunschfach der neuen Schule!
Jedenfalls, ehe wir unsere Umgebung mit der Wünschelrute erforschen, mit dem Pendel oder den eigenen Händen, müssen wir den dreidimensionalen Raum der Euklidischen Geometrie transzendieren. Diesen absoluten Raum, der immer gleich und unbeweglich bleibt, ein leeres Gefäß, in dem die Dinge sich, ohne ihn zu verändern, mechanisch bewegen.
Haben wir diese Vorstellung der Welt aus dem Spielplan unseres Kopfes gestrichen, können wir das ganze Universum als einzigen lebendigen Prozeß entdecken, ein leuchtendes Geflecht von Beziehungen, in das einfach alles verwoben ist. Betrachten Sie sich selbst getrost als Stätte der Begegnung von Sonne, Erde und Mond, von allen Sternen, von Stein und Wind, Wasser und Feuer, Leben und Tod.
Spricht also das Wasser, wenn wir mit der Rute über eine Ader gehen, direkt zu uns? Ist es der lebendige Raum persönlich, der uns über seine geheimnisvollen Qualitäten informiert?
Nicht das Wasser, und nicht der Raum. Weder Rute noch Pendel. Es ist der Doktor Allwissend in uns selbst.
Eigentlich sonderbar, daß dieser Doktor Allwissend wortlos zu uns spricht. Offenbar sitzt er in der rechten Hemisphäre unseres Gehirns. Stumm spricht er in vielen Sprachen zu uns. Als Ahnung, Traum, Vision und Erkenntnis. Vielleicht haben wir das Wort überschätzt?
Das tat auch die Schule. Und unterschätzte die wortlose Art der Erfahrung.
Sollten wir sie nicht in unsere Lehrpläne aufnehmen?

Stephen SKINNER

„Die uralte chinesische Kunst des Feng-Shui oder der tellurischen Geomantie befaßt sich mit dem Aufspüren der Drachenlinien der Energie und ihrer Auswirkungen auf den Menschen als Teil seiner nicht offensichtlichen Umwelt.
Die Lebenskraft ch'i fließt durch die Erde wie ein unterirdischer Strom, der seinen Kurs nach den Veränderungen variiert, die von der Natur oder dem Menschen auf der Erdoberfläche geschaffen wurden. – Eine Parallele kann gezogen werden zu dem Fluß des ch'i durch die Akupunkturmeridiane des Körpers. – Sie befördern Lebensenergie durch ihre eigenen, festlegbaren Kanäle.
– Die Praktizierenden des Feng-Shui manipulieren die Oberfläche des Erdkörpers, um den Fluß des ch'i zu beeinflussen, der entlang der verborgenen Adern oder Drachenlinien strömt. Der Feng-Shui-Experte wird daher im allgemeinen als 'lung kia' oder Drachenmann bezeichnet, da er diese Adern des ch'i nachverfolgt oder ‚reitet', von ihrem Ursprungsort hoch in den Bergen, der mythischen Wohnstätte der Drachen, bis zu den niedrig gelegenen Hängen, wo sie guten oder üblen Einfluß auf die dort wohnenden Menschen ausüben.
Demzufolge besteht die Kunst des Feng-Shui darin, wohlbringendes ch'i einzufangen und zu sammeln, und unheilbringendes ch'i von einem ausgewählten Standort abzuwenden. Das Sammeln wohlbringenden ch'i führt nicht nur zu gesteigerter Fruchtbarkeit des Bodens, sondern macht die gesamte Umgebung fruchtbarer, und schafft so einen Ort, an dem ohne das nagende, ungute Gefühl gelebt werden kann, das oft mit dem Wohnen in den großen Bauten der Städte und Vororte einsetzt, oder in Einzelhäusern, die entgegen dem herrschenden Lebensfluß im Boden errichtet wurden, oder deren ‚Atmosphäre' durch menschliche oder auch natürliche Konflikte ‚verschmutzt' wurde.
Solche Umstände können oft durch die Handhabung eines Drachenmannes, der die Umgegend behandelt, ins Friedliche zurückgebracht werden, so wie zum Beispiel ein Körper wieder zur Gesundheit zurückgeführt werden kann, wenn die Akupunkturmeridiane reguliert werden.
Die Parallele zwischen dem Körper und der Erde wurde nicht als willkürliche Metapher angewendet, sondern spiegelt die chinesische Auffassung der Ganzheit eines Universums, das nicht streng nach den Richtlinien der westlichen Theologie (Materie und Geist) oder der Wissenschaft (lebend oder tot) unterteilt ist. Stattdessen betrachtet der Drachenmann Sein als ein Kontinuum . . .

Die Landschaft wimmelte von Lebewesen: Dämonen, Schutzgeister, Geister der Berge, Weiher, Quellen, Bäume und Felsen und eigentlich jeder bemerkenswerten Beschaffenheit eines Ortes waren vorhanden. Sie alle konnten Gegenstand der Verehrung, der Furcht oder der Besänftigung werden. Das Leben beschränkte sich nicht nur auf das, was biologisch als lebendig erklärt wurde, sondern pulsierte durch Gesteine, Gewässer, Erde und Winde. Das gesamte Universum wurde als lebender Organismus angesehen.

... Der chinesische Drache kann auf mancherlei Weise verstanden werden. Das Tier des östlichen Quadranten, der völlig veränderte Unsterbliche, oder – im Feng-Shui Sinne, die Windungen der Landschaft und die Gestalt der Ketten von Berggipfeln. Die Kämme und Linien der Landschaft bilden den Körper, Adern und Puls des Drachens, während die Wasserwege und Becken und unterirdischen Ströme des Drachen Blut bilden. Die Adern und Wasserwege tragen beide das ch'i, die Lebenskraft der Erde. Natürlich tragen auch Baumreihen, Straßen und sogar Bahntrassen ch'i oder geben es in der Landschaft ab. Die Geometrie des Flusses von ch'i kann erstaunlich komplex sein, indem sie ein Geflecht oder Netz zwischen den Hauptadern des Drachens bildet, denn kein Teil der Erde ist tot. Einige Teile sind unfruchtbar und manche stagnieren, keine sind völlig tot."

(Aus CHINESISCHE GEOMANTIE, München, Dianus-Trikont, 1983.)

MAYER/WINKLBAUR

„Das Leben als Schein von Schwingungen: Strahlen ...
Strahlen, die aus unserer Erde kommen; Strahlen, die von anderen Sternen, die aus dem Kosmos auf uns einwirken.
Strahlen, die unser Leben bestimmen, vielleicht unser Leben sind. -
Jeder Gegenstand strahlt ab; selbst Gedanken – gute wie böse. Strahlungen, die heute sogar meßbar sind.

... In der Steinzeit manifestierte er sich als ‚Deutebein', als ‚Zeigestab', und ist heute noch als Szepter ein Symbol der Herrschaft.
In der hohen Zeit der Römer wurde der Stab mit einem Adler geschmückt, und römische Konsulen trugen den ‚scipio' als Zeichen ihrer Würde.
Die christliche Kirche entwickelte den Wanderstab der Apostel zum Krummstab der Bischöfe und Äbte. Schon in der Bibel galt der Stab als pro-

phetisches Werkzeug (Ezechiel: ‚Als König Nebukadnezar Jerusalem überfallen wollte, befragte er vorher die Wahrsager über sein Kriegsglück, und die warfen den Stab') und hatte sogar als göttliches Hilfsmittel seinen festen Platz: Als Moses mit den Juden durch die Wüste zog, benutzte er seinen Wanderstab gleichsam als Wünschelrute: Als die Wassernot seines Volkes groß war und niemand in der Steinwüste Rettung sah, klopfte Moses mit seinem Stab an einen Felsen. Und siehe, aus dem Stein entsprang eine Quelle. Mitunter vermögen auch heute begabte Rutengänger das ‚Wunder' des Moses nachzuahmen – wissenschaftlich nennt man das Ergebnis ‚Primärwasser'.

... Pendel und Rute funktionieren wie der Zeiger eines Instruments. Das Instrument selbst ist letztlich immer der Mensch.

... Nicht nur Moses, auch die alten Perser, Ägypter, Griechen, Araber, Kelten, Römer und Germanen kannten die geheimnisvollen Kräfte der Strahlungen in der Welt, in der sie lebten.

In den alten Kulturen waren die Vorschriften übereinstimmend gleich: Feuchter Untergrund wurde gemieden. Man beobachtete das Verhalten von Tieren und richtete Bauwerke nach den Himmelsrichtungen aus.

In der Philosophie der Völker findet man ein ganzheitliches Weltbild, das nicht zwischen lebender und toter Materie unterscheidet.

In den indianischen Kulturen der Mayas, der Inkas, aber auch von Indianervölkern, deren Geschichte nicht in die Neuzeit reicht, findet man eine sehr gewichtige Aussage: Allen Dingen dieser Welt werden mehr oder weniger lebendige Eigenschaften zugeschrieben. Nicht nur Tier und Pflanze, auch der Stein hat in dieser philosophischen Schau sein lebendes Bild der Erde.

Eine Übereinstimmung, die sich mit Philosophen aus anderen Weltteilen trifft, die das Lebendigsein mit Schwingungen, Pulsieren, gleichsetzen.

Die alten Indianerkulturen Nord- und Südamerikas scheinen bereits von einem Erdnetzgitter gewußt zu haben, über dessen wichtigen Einfluß auf Gesundheit und Kranksein des Menschen. – Dieses sich über die Erdkugel ziehende Strahlengitter hat an seinen Kreuzungspunkten Einfluß auf unser Wohlbefinden.

... Die meisten keltischen Kultstätten sowie geweihte Quellen sind oberhalb von Wasserkreuzungen oder sogenannten Mäanderschleifen errichtet worden. (Mäanderschleifen bezeichnen einen unterirdischen Wasserlauf, der sich immer wieder krümmt.) Christliche wurden über alten keltischen Kultstätten errichtet, die sich auf ‚rechtsdrehender Strahlung' befanden.

... Zu den Strahlensuchern gehören:

Katzen, Ameisen, Bienen, Insekten und Bazillen.
Zu den Strahlenflüchtern gehören:
Hunde, Pferde, Rinder, Schafe, Ziegen und Schweine.
... Wie bei den Tieren kann man auch bei den Pflanzen zwischen ‚Strahlenflüchtern' und ‚Strahlensuchern' unterscheiden.
Vor Strahlen flüchten:
Apfel-, Birn- und Nußbaum, Johannisbeerstaude, Flieder, Sonnenblume, Begonien, Aralien, um hier nur einige zu nennen. Im Wald zählt man dazu Buchen und Linden.
Strahlensucher unter den Pflanzen sind:
Kirschen-, Pflaumen-, Aprikosen- und Pfirsichbaum, Holunder, Mistel, Asparagus und die Zimmerlinde. Im Wald findet man entsprechend die Eichen, Fichten, Tannen und Lerchen.
... Es sind jedoch nicht nur Wasserkreuzungen, die eine Strahlung auf der Erde bewirken. Beschäftigen wir uns mit anderen Strahlenquellen aus der Erde. Wenngleich sie auch dieselbe Wirkung haben, ist ihre Ursache jeweils verschieden:

das Hartmann-Gitter,
das Curry-Netz,
das dritte Gitter,
geomantische Zone und
geologische Verwerfungen.

(Aus BIOSTRAHLEN, Wien, Orac Pietsch, 1983.)

EINE ANDERE WAHRNEHMUNG DER WELT

Eine einzige Wahrnehmung der Welt ist immer gefährlich. Denn es gibt keine einzige Wahrnehmung der Welt — es gibt viele! Und solange jeder seine eigene für die einzige und darum richtige hält, wird Feindschaft herrschen zwischen deinen und meinen Augen.
Wir müssen also viele Wahrnehmungen lehren, und wir müssen viele Wahrnehmungen lernen. Warum nicht auch eine der schönsten, die Vision?
Kann man lernen, Visionen zu haben? Nein, wahrscheinlich nicht. Aber man kann lernen, Visionen zu suchen. Alle großen alten Kulturen lehrten, was wir verlernt haben. Schlimmer noch, wir haben Visionen, diese zugleich höheren und tieferen Wahrnehmungen, in die Nähe der Geisteskrankheiten gerückt.

Früher hat die Vision den Lebensweg eines jungen Menschen bestimmt, heute wird die statistische Wahrscheinlichkeit eines materiellen Erfolgs kalkuliert. Natürlich gibt es inzwischen eine ganze Menge Berufe, zu denen uns keine Vision drängen kann. Berufe, die wir aus Phantasielosigkeit ergreifen, aus Geldgier oder Fahrlässigkeit. Und die sogenannten niedrigen Berufe meine ich damit nicht! Die Putzfrau, der Mann von der Müllabfuhr — sie stehen, wenn sie ihren Beruf als dienende Liebe auffassen, turmhoch über den Herstellern von Waffen, vom Arbeiter bis zum Generaldirektor. Turmhoch über hochdotierten Politikern und Gewerkschaftlern, die Arbeitsplätze beschaffen ohne eine Ahnung davon zu haben, was Arbeit ist: das Zusammenwirken von Geist und Materie zum Wohl der gesamten Natur. Und nicht zu ihrer Zerstörung!

Auch Landschaften kann man als Objekte der Ausbeutung wahrnehmen, als Werkzeuge der Gesundheit, als Freizeitparadies. Aber auch noch anders, ganz anders. . .

John MICHELL

„An einem heißen Sommernachmittag, am 20. Juni 1921, war Alfred Watkins in Blackwardine in Herfordshire. Auf der Kuppe eines hohen Hügels hielt er an und konsultierte seine Karte, bevor er sich hinsetzte, um über die Aussicht zu meditieren, die sich ihm bot. Plötzlich, in einem Moment unvermittelten Aufleuchtens, sah er etwas, was vor ihm seit vielleicht Tausenden von Jahren keiner in England gesehen hatte.

Watkins blickte unmittelbar durch die Oberfläche der Landschaft hindurch auf eine Schicht aus einer fernen prähistorischen Epoche. Die Barriere der Zeit schmolz, und er sah, ausgebreitet übers ganze Land, ein Netz von Linien, das die heiligen Orte des Altertums verband. Erdhügel, alte Steine, Kreuze und alte Wegkreuzungen, Kirchen, die an Stelle vorchristlicher Heiligtümer standen, legendenumwobene alte Bäume, Wassergräben und heilige Quellen standen auf exakten alignments (in der wissenschaftlichen Archäologie im strengen Sinne nur Steinreihen wie diejenigen von Carnac, hier aber Ausrichtungslinien, die mehrere solche Plätze und Bauwerke miteinander verbinden;-), die über Hochwachten zu Grabhügeln und Berggipfeln liefen. In einem einzigen Moment transzendenter Wahrnehmungen betrat Watkins die magische Welt eines prähistorischen Großbritannien, eine Welt, von der selbst die Existenz in Vergessenheit geraten war.

... Nur ein oder zwei Jahre davor hatte der Seher und Dichter A. E. (George Russell) einen ähnlichen Moment plötzlicher Erleuchtung erlebt, als er sich auf einem seiner häufigen Streifzüge durch die alten Hügel und Heiligtümer Irlands befand. In seinem Buch The Candle of Vision sprach er davon, wie er das ‚Land mit den vielen Farben' gesehen habe, die ätherische Landschaft, die durch die strahlenden Quellen und Kanäle ihrer eigenen Lebensenergien von innen her leuchtet, und wie er realisiert habe, daß diese Wirklichkeit nur ein Augenzwinkern vom normalen Sehen entfernt sei. Es gab einen Moment, schrieb er, ‚da wußte ich, daß das Goldene Zeitalter überall um mich herum war, und daß w i r es waren, die dafür blind gewesen waren, denn es war keinen Moment lang irgendwo anders gewesen.'"

(Aus DIE GEOMANTIE VON ATLANTIS, Wissenschaft und Mythos der Erdenergien, München, Dianus-Trikont, 1984.)

DER MOND IN DER SONNE

Und selbstverständlich auch die Sonne im Mond. Wir tun nur so, als wären beide voneinander getrennt wie der Tag von der Nacht, die Vernunft vom Traum. Das sind sie nicht!
Irgendwann haben wir Sonne und Mond zu den beiden Seiten unserer kosmischen Münze gemacht, und den Traum zur Rückseite unseres Bewußtseins. Beide Trennungen sind künstlich, und sie zertrennen uns selbst.
Nun soll die Schule aber der Spiegel sein, in dem wir unsere Ganzheit erkennen. Wir müssen also den Mond wieder in den Spielplan des Unterrichts aufnehmen und Träume zu einem Hauptgegenstand machen. Gleichzeitig wird die Zahl der Psychiater wie die ihrer Patienten rückläufig sein, und ich rechne auch mit einer Baisse des Verbrechens.

Träume sind selbst so eine Art Schule, und seit ein paar hundert Jahren schwänzen wir sie. So sind wir Analphabeten des Lebens geworden und haben das Einmaleins der Seele verlernt. Und haben uns außerdem um die Freude eines großen Abenteuers, das Abenteuer einer großen Freude gebracht. Aber das läßt sich nachholen. . .
Die erste Schulstunde jeden Tages sollte künftig die Traumstunde sein. Oder auch, wenn eine Stunde nicht reicht, die ersten zwei oder drei. Wenn wir diesen Teil unseres Lebens verdrängen, vernachlässigen oder gar verleugnen, wird auch der andere Teil, der alltäglich wache, nicht mehr viel wert sein. Denn beide bedingen einander.
Meine ich, wir sollten die alten und neuen Traumbücher studieren? Zigeuner, Ägypter und Freud? Nein, eher nicht. Das würde unser Bewußtsein nicht erweitern son-

dern verengen. Symbole sind ja Prozesse und bedeuten nicht immer dasselbe. Werden sie noch dazu dogmatisch interpretiert, richten sie großen Schaden an.
Mit den Symbolen, unserer wortlosen Sprache, sollten wir uns aber trotzdem beschäftigen! Mit den Symbolen von Gegenwart und Vergangenheit, der eigenen und aller fremden Kulturen. Diesen menschlichen Schatz aus der Schule zu verbannen, war eine ihrer ganz großen Dummheiten.
Wir wollen also die Bildsprache der Symbole und ihre Dialekte in Raum und Zeit erlernen. Auf diesem Weg, den wir neugierig und spielerisch gehen sollten, wird jeder seine eigenen Symbole entdecken, und auch ihren Wandel, der die Verwandlung der Person spiegelt.

Jeder Schüler wird ein Traumtagebuch führen. Er wird die hohe Kunst des Träumens erlernen, und auch, seine Träume zu deuten. Ein Traumdeuter steht ihm bei, oder eine Traumdeuterin.
In der Schule? Natürlich, und überhaupt täte es uns allen gut, alte Berufe wieder zu entdecken und neue zu erfinden. Das ist lustig, praktisch und phantasievoll.
Also ein Traumdeuter, männlich oder weiblich. Kein konventioneller Psychoanalytiker! Jemand, der die alte Magie noch versteht, oder schon wieder. Psychologe? Das auch, aber im Sinn der humanistischen und transpersonalen Psychologie. Ein Wissenschaftler der rechten Hirnhemisphäre? Vielleicht. Ein mitteleuropäischer Schamane also, mit Kravatte und Doktorat? So ungefähr, ja. Ob die Kravatte gut oder schlecht dazu paßt, müßten wir einfach erproben. Damit meine ich, daß das Phantastische phantastischer ist, wenn es unauffällig erscheint.

Es ist unsere eigene, phantastische Wirklichkeit, die wir verdrängt haben. Die Nacht unseres Bewußtseins. Den Mond in der Sonne. Wir müssen die Grenzen unseres Tages öffnen, die mit Verstand bewaffneten Grenz-

wächter entlassen. Warum verteidigen wir uns gegen uns selbst?
Wer mit seinen Träumen Frieden schließt, schließt Frieden mit sich und der Welt. Erkennt, daß ein einziges Sein umschließt, was wir als Außen und Innen erfahren. Und erkennt auch, daß jede Begegnung unseres Tages mit unserer Nacht, die wir zulassen, dieses Sein verändert.
Unsere Träume haben wenig mit Sexualität zu tun, und wenig mit unseren Ängsten und Wünschen. Sie sind wir selbst im chaotischen oder flüssigen Zustand. Läutet der Wecker, erstarren wir zur Ordnung und werden fest. Sind wir zur Ordung erstarrt und fest geworden, kann niemand und nichts uns verwandeln. Was anderes aber wäre Schule als die Verwandlung des Kindes in einen wachsenden Menschen?
In einen Wachsenden, nicht in einen Erwachsenen. Das ist der Unterschied zwischen einer guten und einer schlechten Schule. Wer uns zu Erwachsenen macht, hat unser Wachstum drastisch beendet. Dagegen, nämlich gegen die konventionelle Schule, deren Ziel das Ende jeglichen Wachstums ist, sollten wir uns wehren, und zwar energisch.
Denn wir wollen eine Schule, die uns unbegrenzt wachsen läßt. Und wir wachsen, das scheint ein Gesetz des Lebens zu sein, am leichtesten, am unerwartetsten im Traum.

Wie konnten wir eine Kultur lang versäumen, den Traum in unseren Unterricht einzubeziehen?
Vielleicht ist diese Kultur darum zum Albtraum geworden, zu einer Ordnung des Wahnsinns. Während ich dies niederschreibe, brennt der Atomreaktor von Tschernobyl, wird unsere Welt verstrahlt, haben Tiere und Menschen — wie viele, ahnen wir nicht einmal — zu sterben begonnen. Wir haben unsere Katzen ins Haus gesperrt, um sie zu schützen. Vor meinem Fenster

blüht der alte Kirschbaum, den ich so liebe. Darunter äsen die Rehe, die wir während des Winters gefüttert haben, radioaktives Gras. Dafür kann Rußland jeden Amerikaner zwanzigmal, Amerika jeden Russen vierzigmal töten. Der Krieg ist allgegenwärtig geworden, das Herz des Menschen erkrankte an Krebs. Die Metastasen des Terrors dringen überall ein.
Und ich meine, wir könnten unser Problem im Traum lösen? Nun, im wachen Zustand gelang uns dies jedenfalls nicht. Wenn wir aber die Dämonen des Hasses und der Angst im Traum überwinden, verwandeln sie sich in der Wirklichkeit in freundliche Geister.

Der Traum ist keine Alternative zur Wirklichkeit. Er ist ihr strahlender Kern.

Paul KLEE

„Diesseitig bin ich gar nicht faßbar. Denn ich wohne grade so gut bei den Toten wie bei den Ungeborenen. Etwas näher dem Herzen der Schöpfung als üblich. Und doch lange nicht nahe genug.“

(Aus seinem Tagebuch und auf seinem Grabstein.)

Herbert KESSLER

„Das Symbol führt zur Freiheit.-
-Echte Symbole sind Antworten auf die Herausforderungen der Wirklichkeit, der sich der Mensch zu stellen hat.-
-Jedes Symbol stellt eine Beziehung zwischen seiner Gestalt, dem ‚Bildlichen‘, und dem Geiste des Menschen dar.-
-Die Mannigfaltigkeit der Symbole gliedert sich in drei große Klassen, entsprechend den ‚drei tiefen Sehnsüchten des Selbst‘. Die erste dieser Sehnsüchte, das Verlangen nach einem ‚besseren Land‘, macht den Suchenden zu einem Wanderer. Er vernimmt den Ruf und schreckt vor der abenteuerlichen Heimreise zu jenem Land nicht zurück. Symbole des Weges und der Pilgerschaft ordnen sich ganz natürlich der Zielfunktion unter; das Telos wirkt als Zielkraft, als Fascinosum. Das gleiche gilt von der zweiten Klasse, den Symbolen der Wandlung und der Wiedergeburt, die im Bewußtsein der eigenen Unvollkommenheit gründen; das Streben nach Veredlung hat die Alchemisten zu ihrem magnum opus, dem großen Läuterungswerk einer Umschmelzung bewogen. Die dritte Symbol-Klasse sind die Bilder der unio mystica, der Liebe, Hochzeit, Einung. . .“

(Aus DAS OFFENBARE GEHEIMNIS, Freiburg im Breisgau, Aurum, 1977.)

Albert EINSTEIN

„Ich gelangte nicht durch mein rationales Bewußtsein zur Erkenntnis der fundamentalen Gesetze des Universums.“

Holger KALWEIT

„Der Kernteil der Heiratszeremonie besteht darin, ‚die Schmetterlingsseele der Braut in den Schlaf zu geleiten'. Eine Schamanin schiebt einen Spiegel vor dem Gesicht der Braut hin und her und preßt einen anderen gegen ihren Rücken. Eine weitere Schamanin befestigt zwei Baumwollschnüre um Hand- und Fußgelenke der Braut, legt dann eine lange Schnur diagonal über ihre Schultern und sticht schließlich eine mit einem Faden versehene Nadel in ihren Haarknoten. Nun, glaubt man, sei die Seele der Braut ‚eingeschlafen' und werde bald die Ehefrau des Nat werden. Es ist die ‚Schmetterlingsseele' der Braut und nicht ihr Körper, den der Geist liebt. In dieser Vereinigung der beiden unsubstanziellen Prinzipien besteht die eigentliche Hochzeit zwischen beiden Welten...
Die Vision einer unirdischen Gestalt, ob nun im Traum oder in einer Trance, gehört zu den vornehmsten Fähigkeiten unseres Geistes und ist von Stammesgesellschaften und allen Kulturen der Alten und Neuen Welt richtig eingeschätzt worden — als Quelle schöpferischer Inspiration. Die wirkliche Psychologie — eine, die wir noch zu schaffen haben — wird die Gabe, Geister, Visionen und Jenseitslandschaften wahrzunehmen, zur ersten Aufgabe ihrer Institution erheben und der intellektuellen Potenz mit ihrer erbärmlichen Einseitigkeit therapeutische Hilfestellung durch einen Jenseitsgeist oder eine Geistgemahlin anbieten...
Was heute absurd und lächerlich klingt, wird morgen ebenso alltäglich sein wie die Imaginationstherapien und Traumanalysen von heute."

(Aus TRAUMZEIT UND INNERER RAUM, Bern, Scherz, 1984.)

Imogen SEGER

„Die biologische Traumforschung hat in den letzten Jahren das Träumen als körperliche Funktion verständlicher gemacht. Bei zu früh geborenen Kindern sind an die 80 Prozent der Schlafzeit auch Traumzeit, bei normal geborenen Kindern sind es etwa 50 Prozent, bei Zweijährigen noch etwa 30 Prozent und bei jungen Erwachsenen hat sich die Zeit, in der ein schlafender Mensch träumt, bei ungefähr 20 bis 25 Prozent stabilisiert. Im Traum verläßt der Mensch jede Nacht die geordnete Tagwelt und wird offen für die Abenteuer anderer Erfahrungswelten."

(Aus WENN DIE GEISTER WIEDERKEHREN, München, Piper, 1982.)

Johann Friedrich OBERLIN

„Es dünkt mich nun, nach mehreren Erfahrungen, wahrscheinlich zu sein, daß manche Träume tiefer liegen und in einem tieferen Grunde oder Theater (ich weiß nicht, wie ich's nennen soll) aufgeführt oder gespielt werden, als wir's uns einbilden. Wenn ich einen solchen tiefen Traum nicht gleich sorgfältig beim ersten Erwachen gleichsam in den äußeren Menschen, in das äußere Gedächtnis übersetze, so ist mir die Vorstellung für diesmal verloren und bleibt es so lange, bis etwa das Innere auf ein anderes Mal wieder geöffnet ist, ich die nämliche Vorstellung wieder bekomme und damit sorgfältiger umgehe."

(Aus Ignaz Jezower, DAS BUCH DER TRÄUME, Frankfurt am Main, Ullstein, 1985.)

Patricia GARFIELD

„Es wird unter anderem hilfreich sein, das Gespräch mit den Wesenheiten, die in Ihren Träumen erschienen sind, weiterzuführen. Während Sie am Morgen noch schläfrig im Bett liegen, können Sie über Ihre Traum-Bewegungen nachdenken. Wählen Sie eine Figur, die Ihnen rätselhaft vorkommt, beschwören Sie ihr Bild herauf und stellen Sie ihr sofort eine Frage. Sie werden überrascht feststellen, wie schnell Ihnen eine Antwort in den Sinn kommt. Sie können Ihren Traumgestalten Fragen jeder Art stellen, so z.B.: ‚Wer bist du?' oder: ‚Warum tust du das so oder so?' Die Antworten sind oft ebenso unerwartet wie aufschlußreich.
... Traumfreunde können ebenso wirklich sein wie Freunde aus Fleisch und Blut. Sie können den Traumzustand als eine andere – wenn auch ganz besondere – Ebene der Wirklichkeit betrachten. Es ist dort wie im Alltag: Je mehr Freunde Sie haben, desto besser, und je besser Ihre Freunde zu Ihnen sind, umso besser für Sie.
... Stellen Sie sich im Traum der Gefahr und überwinden Sie sie. Bei einer ‚Flucht' lassen wir die furchteinflößenden Bilder wohl zurück... aber sie werden uns in einer anderen Nacht wieder einholen und von neuem verfolgen. Nur wenn wir ihnen entgegentreten, können wir sie bezwingen. Wir vermögen durchaus mit unseren Problemen an dem Ort fertig zu werden, wo sie ihren Ursprung haben – in unserer eigenen Seele. Dabei können wir viel über uns selbst erfahren und daran wachsen. Auf diese Weise lassen sich unsere Persönlichkeitsaspekte miteinander versöhnen, und die

furchterregenden Traumfeinde werden sich zu hilfreichen Traumfreunden verwandeln.

... Wenn man sich einmal dem Traumfeind gestellt und ihn überwunden hat, dann sollte man seinen Geist zwingen, dem Träumer ein Geschenk zu geben. Dieses Geschenk kann irgendetwas sein: ein Gedicht, eine Geschichte, ein Lied, ein Tanz, ein Entwurf, ein Bild oder sonst etwas Schönes. Es kann auch etwas Nützliches sein, wie eine Erfindung oder die Lösung eines Problems.

... Begegnet der Träumer in irgendeinem Traum einer freundlichen Traumgestalt, dann sollte er ihre Hilfe annehmen; so lautet der Rat der Senoi (Die Senoi sind die Ureinwohner Malaysias, deren Traumgewohnheiten die Autorin erforschte.) Wenn die Traumgestalt ganz besonders freundlich ist, kann der Träumer sie bitten, sein Helfer zu werden.

... Die Tatsache, daß es möglich ist, während des Traumes bewußt zu werden und viele Geschehnisse in ihm zu kontrollieren, wirft die Frage auf: Gibt es überhaupt so etwas wie ein ‚Unbewußtes'? Vielleicht sind Träume ganz einfach ein Teil des Kontinuums, das wir Leben nennen. Vielleicht gibt es überhaupt kein Unbewußtes, sondern nur verschiedene Ebenen, in denen wir bewußt sind. Setzen Sie sich kreativ mit Ihren Träumen auseinander, so werden Sie sich auf jeder Ebene bewußter."

(Aus KREATIV TRÄUMEN, Schwarzenburg, Ansata, 1980.)

James J. DONAHOE

„Es ist möglich, aus dem ‚kosmischen Ei' herauszukommen — das Ei versinnbildlicht dabei die Gesamtheit aller Glaubenssätze, die bestimmen, was geschehen kann und was nicht. Wer die Wirkungsweise kreativer Synthese versteht, kann viele verschiedene Arten der Weltsicht zur Anwendung kommen lassen. Auf diese Weise werden nicht nur die Wahrnehmungsmöglichkeiten erweitert, die wahrgenommene Welt wird aktiv verändert. Die Welt verändert sich, weil der Wahrnehmende und die Welt einander widerspiegeln."

(Aus DIE KUNST DES TRÄUMENS, DER WEG ZUR ENTWICKLUNG PARANORMALER FÄHIGKEITEN, Basel, Sphinx, 1980.)

DAS ENTSTEHEN UND VERGEHEN VON FORMEN

Auch dies gehört zur Lehre vom Leib, der ja stets ein Prozeß ist. Alles in diesem kosmischen Leib, auch wir selbst, entstehen und vergehen ohne Unterlaß.

Und so sollte der Schüler sich selber begreifen: als etwas Strömendes. Als etwas freudig Strömendes, das tief in der Wandlung ruht.
In der Kindheit ist die Veränderung der Person am auffälligsten, und im Alter. Auch am schmerzlichsten. Hilft die Schule dem Kind bei seiner Verwandlung, und indem sie dem Kind hilft, dem zukünftigen Greis? Nein, sie läßt beide im Stich.

Was sollte, was könnte sie tun? Nun, der Film mit seinen Möglichkeiten, Zeit zu raffen oder zu dehnen, wäre ein geradezu ideales Instrument zur Einweihung in das Mysterium nicht identischer Identität.
Wäre ich Filmemacher, ich hätte ein Lieblingsprojekt. Nämlich die Einheit des Menschen von seiner Zeugung bis zu seinem Zerfall zu zeigen, und vielleicht über Zerfall und Zeugung hinaus. In einem gigantischen Zeitraffer. Nur, wie macht man so einen Film? Außerdem dauern die Dreharbeiten achtzig Jahre, und Generationen von Schülern können diesen Film noch nicht sehen. Aber vielleicht muß er gar nicht so realistisch sein? Es sind minimale Abweichungen von der allgemeinen menschlichen Form, die uns zu Individualitäten machen. Ob man diese minimalen Abweichungen nicht vernachlässigen kann?
Also ein Film, der hundert Jahre in eine Stunde bannt, und Millionen von Menschen in ein Individuum. Nicht Natur sondern Kunst? Wenn man auf diesem künstli-

chen Unterschied besteht, ja. Natürlich brauchen wir einen Filmemacher von Graden und Gnaden! Aber wenn wir ihn suchen, werden wir ihn auch finden. Und dann können wir dem Schüler, der sich täglich im gleichen Spiegel als den gleichen erblickt, obwohl er täglich auch ein anderer ist, zeigen: Das bist du!
Und er würde lernen, sich nicht nur räumlich mit sich selber zu identifizieren, so zwischen einem und zwei Meter Höhe mit mehr oder weniger rundherum, sondern auch in der Zeit. Als Prozeß. Und vielleicht sogar, ohne zu erschrecken.
Warum auch? Das Alter ist nur häßlich, solang man die Jugend zum Maß der Schönheit erklärt. Das hat biologische Gründe, die im Zeitalter unserer katastrophalen Überbevölkerung vielleicht nicht mehr so gültig sein sollten. Wer schon als Kind den Menschen als Prozeß und diesen Prozeß als etwas sehr Wunderbares und Geheimnisvolles versteht, wird sich selbst in allen seinen Phasen erkennen.
Sich selbst als wen? Als einzelne, ihre Form beständig wechselnde Form? Nein, eben — und zum Glück — nicht. Denn der ganze Kosmos nimmt an dem, was wir unsere Form nennen, teil, und auch wir berühren ihn bis in den fernsten Stern. Dem Mystiker war das schon immer klar, der Wissenschaft erst neuerdings, doch wie erklärt man es einem Kind?
Also da hätte ich, als Filme-Anreger, noch ein Lieblingsprojekt. Man nehme einen großen Physiker, einen Meisterregisseur und einen erstklassigen Kameramann. Dann drehe man den kosmischen Reigen, den Biotanz des Universums, in dem jeder von uns — auf der mikrowie auf der makrokosmischen Ebene — eine Tanzfigur ist, die alle anderen Tanzfiguren durchdringt. Und natürlich ist Blue Box erlaubt, und sämtliche anderen Tricks. Denn wir müssen nichts mehr beweisen. Wir wollen nur zeigen! Keinen Stummfilm. Denn die Musik der Sterne gehört dazu, die Musik der Atome, die subatomare Mu-

sik, und auch die, die wir selbst spielen. Aber wir selbst sind, und genau das wollen wir zeigen, nicht abgrenzbar, und nicht begrenzt. Nicht im Raum, nicht in der Zeit, nicht in der Person.
So etwas Schönes sagt man den Kindern nicht, ja warum? Vielleicht, weil diejenigen, die die Lehrpläne machen, es selber nicht wissen. Darum schreibe ich dieses Buch, das ohne strenge Ordnung, ja sogar ein bißchen unordentlich ist. Und ganz gewiß nicht vollständig. Es soll aber den Eltern sagen, und den Lehrern, und den Schülern beiderlei Geschlechts: da schaut nur, was es alles gibt, und was alles möglich ist — probiert es doch, bitteschön, aus! Kann schon sein, daß es einigen von Ihnen nicht gefällt, oder noch nicht. Aber die anderen werden glücklich sein! Viel glücklicher jedenfalls als ich, die Schülerin Lotte Gruber, einst war.

Erich JANTSCH

„Selbsttranszendenz heißt Selbstüberschreitung. Indem ein System in seiner Selbstorganisation die Grenzen seiner eigenen Identität überschreitet, wirkt es schöpferisch. Im Paradigma der Selbstorganisation ist Evolution das Ergebnis von Selbsttranszendenz auf allen Ebenen. Symmetriebrüche spannen Raum und Zeit für die Entfaltung selbstorganisierender Systemdynamik auf, von dissipativen Strukturen und Mikrostrukturen des Lebens bis zu Makrostrukturen auf der Erde und im ganzen Universum. Aber diese Raum-Zeit-Strukturen bleiben nicht stabil. Sie evolvieren zu immer neuen Strukturen, wobei an jeder Schwelle der Selbstüberschreitung im Prinzip neue Freiheit in der Auswahl möglicher Zukünfte hereinkommt. Evolution ist prinzipiell offen.

... Evolutionär sein heißt, sich in der Struktur der Gegenwart mit voller Ambition und ohne Reserve zu engagieren, und doch loszulassen und in eine neue Struktur zu fließen, wenn der Zeitpunkt dafür gekommen ist.

... Dieses Gefühl des Eingebettetseins in eine universale, zusammenhängende Dynamik sollte uns nicht nur die Furcht vor dem eigenen biologischen Tod nehmen, sondern auch jene Furcht, die das ‚Überleben der Gattung' als höchsten Wert verteidigt. In der Selbsttranszendenz können wir nicht nur über uns selbst als Individuen, sondern auch über die Menschheit hinausgelangen."

(Aus DIE SELBSTORGANISATION DES UNIVERSUMS, München, Hanser, 1979.)

HERAKLIT

„Kaltes erwärmt sich, Warmes kühlt ab, Feuchtes vertrocknet, Dürres wird benetzt. –

– Ein und dasselbe ist Lebendiges und Totes und Wachendes und Schlafendes und Junges und Altes; denn dies schlägt um und ist jenes, und jenes wiederum schlägt um und ist dies. –

– In die gleichen Ströme steigen wir und steigen wir nicht; wir sind es und sind es nicht."

(Aus FRAGMENTE, München, Artemis, 1983.)

Lewis THOMAS

„Die Fähigkeit, kleine Fehler zu machen, ist das eigentliche Wunder der Desoxyribonukleinsäure. Ohne diese spezielle Eigenschaft wären wir immer noch anaerobe"(ohne Luft lebend)„Bakterien und es gäbe keine Musik. Wenn man jede für sich betrachtet, erscheinen uns die Mutationen, die uns weitergebracht haben, als absoluter, spontaner Zufall. Aber im ganzen gesehen ist die Tatsache, daß Mutationen vorkommen, keineswegs zufällig. Dem DNS-Molekül war von Anfang an auferlegt, kleine Fehler zu machen.

... Irrtümer liegen dem menschlichen Denken zugrunde, sind in unser Denken eingebettet, nähren es, wie die Wurzelknöllchen gewisse Pflanzen nähren. Besäßen wir nicht die Fähigkeit, zu irren, so könnten wir nichts richtig machen.

... Die Fähigkeit, über Berge von Information zu springen und glatt auf der falschen Seite zu landen, ist die wichtigste Begabung des Menschen.

... Wenn der Fehler groß genug ist, könnten wir uns plötzlich auf einer neuen Ebene finden, verdutzt, im Licht, fertig für den nächsten Zug.

Aus uns werden zu verschiedenen Zeiten viele verschiedene Menschen."

(Aus DIE MEDUSE UND DIE SCHNECKE, Köln, Kiepenheuer u. Witsch, 1981.)

William Irwin THOMPSON

„Und so wird klar, daß Professor Charles Watkins, der sich mit Gedächtnisschwund in einer Londoner Nervenklinik befindet, wirklich ein Gott oder Teil eines Gottes ist. Seine Erinnerung, Charles Watkins zu sein, ist dann auf dem Höhepunkt, wenn seine Erinnerung an seine göttliche Herkunft auf dem Nullpunkt ist."

(Aus AM TOR DER ZUKUNFT, Freiburg im Breisgau, Aurum, 1975.)

David BOHM

„Relativitätstheorie und Quantentheorie (stimmen) doch beide in der Notwendigkeit überein, die Welt als ein ungeteiltes Ganzes anzuschauen,

worin alle Teile des Universums einschließlich dem Beobachter und seiner Instrumente zu einer einzigen Totalität verschmelzen und sich darin vereinigen. In dieser Totalität stellt die atomistische Ansicht eine Vereinfachung und Abstraktion dar, die nur in einem beschränkten Rahmen gültig ist.
Die neue Ansicht kann man vielleicht am besten als ‚Ungeteilte Ganzheit in fließender Bewegung' bezeichnen. Diese Sichtweise impliziert, daß das Fließen gewissermaßen den ‚Dingen', die man in diesem Fließen entstehen und vergehen sehen kann, vorausgeht. Vielleicht läßt sich dies veranschaulichen, wenn man den ‚Strom des Bewußtseins' betrachtet. Dieser Fluß des Bewußtsteins ist nicht genau faßbar, und doch geht er offensichtlich den faßbaren Formen der Gedanken und Ideen voraus, die man fließend entstehen und vergehen sehen kann wie Kräuselungen, Wellen und Strudel in einem fließenden Strom. Und wie es auch mit solchen Bewegungsfiguren in einem Strom der Fall ist, so kehren manche Gedanken immer wieder und halten sich mehr oder weniger hartnäckig, während andere verschwinden.
Nach der hier vorgeschlagenen, allgemeinen Ansicht ist alle Materie so beschaffen: Es gibt einen universellen Fluß, der sich nicht explizit fassen, sondern nur implizit erkennen läßt, wie es die explizit faßbaren Formen und Bildungen andeuten — einige gleichbleibend, andere veränderlich —, die man von dem universellen Fluß abstrahieren kann. In diesem Fließen sind Geist und Materie keine voneinander getrennten Substanzen, sondern vielmehr verschiedene Aspekte einer einzigen ganzen und bruchlosen Bewegung. Auf diese Weise können wir alle Erscheinungsformen des Daseins als nicht voneinader getrennt ansehen, und damit können wir der Fragmentierung ein Ende setzen, die in der derzeitigen Einstellung zum atomistischen Standpunkt angelegt ist, der uns dazu führt, gründlichst alles von allem zu trennen.
... Wir schlagen vor, daß das, was wir durch die Sinne als leeren Raum wahrnehmen, in Wirklichkeit das Volle ist, das der Grund für das Dasein von allem und jedem ist, einschließlich von uns selbst. Die Dinge, die unseren Sinnen erscheinen, sind abgeleitete Formen, und ihre wahre Bedeutung kann nur erkannt werden, wenn wir das Volle ins Auge fassen, worin sie erzeugt und erhalten werden und in das sie sich letztendlich auflösen müssen.
Man darf sich allerdings dieses Volle nicht mehr als ein einfaches materielles Medium wie etwa einen Äther denken, den man so auffaßte, als existierte und bewegte er sich nur in einem dreidimensionalen Raum. Vielmehr muß man vom Holomovement ausgehen, in dem das ungeheure ‚Meer' der Energie liegt. Dieses Meer ist als eine multidemensionale impli-

zite Ordnung zu verstehen, während das gesamte Universum der Materie, wie wir es im allgemeinen wahrnehmen, als ein vergleichsweise kleines Erregungsmuster zu behandeln ist. Dieses Erregungsmuster ist relativ autonom und bringt annähernd sich wiederholende, stabile und trennbare Projektionen in eine dreidimensionale explizite Manifestationsordnung hervor, die mehr oder weniger gleichbedeutend mit der des Raumes ist, wie wir ihn gemeinhin erfahren.

Das was i s t , ist stets eine Totalität von Gesamtheiten, die alle in einer geordneten Stufenfolge von Einfaltung und Entfaltung zusammen vorhanden sind und die sich im Prinzip im ganzen Raum vermischen und sich gegenseitig durchdringen. . .
. . . Vom Standpunkt der impliziten Ordnung aus können wir sagen, daß sich sogar die unbelebte Materie in einem fortlaufenden Prozeß erhält. Man kann in der Tat sagen, daß das Leben in die Totalität eingefaltet ist und daß es selbst dann, wenn es nicht manifest ist, einem Zustand irgendwie ‚implizit' ist, von dem wir im allgemeinen sagen, daß er kein Leben birgt.
. . . Bewegung (wird) als eine Serie sich gegenseitig durchdringender und sich vermischender Elemente aufgefaßt, die in unterschiedlichen Einfaltungsgraden a l l e g e m e i n s a m g e g e n w ä r t i g sind.
. . . Vom Standpunkt der impliziten Ordnung aus ist Bewegung eine Beziehung von bestimmten Phasen dessen was ist, die sich auf unterschiedlichen Einfaltungsstufen befinden.

. . . Die umfassendere, tiefere und innerlichere Wirklichkeit (ist) weder Bewußtsein noch Körper, sondern vielmehr eine noch höherdimensionale Wirklichkeit, die deren gemeinsame Grundlage darstellt und ihrer Art nach über beide hinausgeht."

(Aus DIE IMPLIZITE ORDNUNG, München, Dianus-Trikont. 1985.)

DIE SCHULE DES TODES

Sie ist eine Schule der Heiterkeit und des Vertrauens. Aber zuerst müssen wir das Wort von seinen falschen Gewichten befreien, von seiner Drohung und tristen Feierlichkeit. Es ist, als würden wir in einem Ballon aufsteigen und einen Sandsack nach dem anderen abwerfen.

Den Sandsack der Endgültigkeit, den der Trennung, den des Gerichts. Und vielleicht ist der Name selbst im Lauf der Zeit zu einem unerträglichen Sandsack geworden. Wir könnten statt ‚sterben' aufwachen sagen, und Sprung statt ‚Tod'. Denn es ist wohl ein Tanzsprung, ein Quantensprung, den wir auf dem Totenbett machen. Und die Trauernden, könnten sie diesen Sprung sehen, würden laut jubeln.

Wir bleiben trotzdem bei den alten Namen, das sind Buchstaben, und wir haben uns an sie gewöhnt. Aber obwohl Jesus uns davon abriet, wollen wir neuen Wein in diese alten Schläuche füllen. Denn einst floß großer Glanz durch sie, und davon haben sie einen Schimmer bewahrt.

Kinder sind noch nicht weit vom Tode entfernt, und sterben zu lernen, fällt ihnen leicht. Du bleibst, der du bist, werden wir ihnen sagen. Und bleibst es nicht!

Auch das Paradoxon ist noch für Kinder natürlich. Bevor es das wieder wird, müssen sie weise werden, oder verrückt. Also nützen wir die Zeit, in der sie das Unverständliche verstehen.

Bevor wir ihnen den Tod erklären, müßten wir ihnen das Leben erklären, und beides können wir nicht. Also werden wir ihnen sagen, daß ein- und dasselbe Sein beide Zustände hervorbringt, und beide umschließt. Leben und Tod sind gewissermaßen zwei Alternativen des Seins, und die anderen kennen wir nicht. Obwohl wir

kaum daran zweifeln können, daß es noch endlich oder unendlich viele davon gibt!
Ja, und alle werden wir eines Tages, oder keines Tages, erfahren. Das sollten wir den Kindern auch sagen, weil es keinen Horizont des Wissens geben kann, denn das Wissen selbst ist ein Prozeß. Wird dieser Prozeß gesteuert, und von wem? Wir wissen es nicht. Gott, sagt Erich Jantsch, ist der Geist des Universums. Aber auch was das Universum ist, wissen wir nicht, und schon gar nicht, wer Gott.
Darf eine Schule Nichtwissen lehren? Ich glaube, das wäre sogar ihr höchstes Fach. Die Spirale der Erkenntnis könnte vom Wissen zum Nichtwissen führen. Sokrates wäre einverstanden. Wer noch?

Um Kinder das Sterben zu lehren, müssen wir sie bitten, sich selbst nicht als eindeutige Wesen mit festen Positionen im Raum und der Zeit zu betrachten. Positionen, die sie durch den Tod, ebenso wie ihre begrenzte Person, für immer verlieren.

Wir sind nicht nur vieldeutig im Raum und der Zeit, sondern auch als Person. Du bist, können wir dem Kind sagen, wie eine Wolke. Während du über den Himmel ziehst, veränderst du fortwährend deine Form. Manchmal teilst du dich sogar oder vereinigst dich mit anderen Wolken. Irgendwann wirst du dicht und grau. Alles verdunkelt sich. Da tritt das Licht als Blitz in dich ein. Erschrick nicht vor dem Donner! Du selbst bist das Gewitter. Als Regen fällst du jetzt in die Erde. Hab keine Angst. Blumen und Bäume trinken von dir, und fortan wächst und blühst du in ihnen. Aber eine Wolke möchtest du auch wieder sein und über den Himmel ziehen? Natürlich, du kannst als Nebel aus der Erde steigen. Das ist sehr geheimnisvoll, und womöglich wirst du viele Freundschaften schließen mit Kobolden, Feen und Geistern. Ja, und dann bist du wieder weiß, und du wanderst. Als dieselbe Wolke? Wenn du das fragst, hast du meine, hast du deine eigene Geschichte noch nicht verstanden. Ob du wenigstens dasselbe Wasser bist, und die gleiche Luft? Ja und nein. Du bist nämlich viel mehr als diese eine Wolke, und mehr auch als alle anderen. Du bist DASSELBE SEIN.

Was dieses selbe Sein ist, müssen wir den Kindern, wenn sie es nicht schon wissen, erklären. Ist es schwer, David Bohm oder William Blake in die Sprache der Kinder zu übersetzen? Nicht, wenn man beide versteht. Und versteht man sie nicht, sollte man lieber kein Lehrer werden, sondern selbst noch ein bißchen lernen.

Und wenn das Kind sagt, es sei keine Wolke sondern die Grete oder der Hans, und der oder die möchte es bleiben? Nun, dann antworten wir, Hans oder Grete wäre weiter nichts als ein Vogelhaus, und zwar ein offenes. In Schwärmen fliegt aus und ein, was es für sich selber hält, und was ausgeflogen ist, kommt kaum wieder zurück. Ein Bahnhof bist du, werden wir sagen, durch den die Züge nach allen Richtungen fahren, und wenn du der oder die Beste im Rechnen bist, kannst du doch nicht die Reisenden zählen, die dich in jeder Minute passieren. Ist das aber nicht sehr aufregend und lustig? Du kannst ja versuchen, deinen abreisenden Zellen zu winken, und überhaupt kannst du mit ihnen spielen, und ihnen Botschaften an die Erde mitgeben und an die anderen Sterne, denn das sind lauter Weltreisende, diese Zellen, die eine kleine Weile lang deine Haut waren, deine Nasenspitze oder dein Herz.

Was heißt schon Leben und Tod? Du bist selbst so ein Reisender und saust zwischen der Erde und den anderen Sternen herum, und nicht nur die paar Jahre lang, in denen du dich Hans oder Grete nennst, sondern immer. Es sei denn, deine Neugier treibt dich irgendwann aus dem Himmel, oder deine Phantasie.

Wo du dann landest, was dann passiert, und wer du

dann bist, weiß ich nicht. Aber ich ahne es, und du wahrscheinlich auch. Weil man aber das Allerschönste nicht aussprechen soll und wohl auch gar nicht kann, schweigen wir jetzt.

David BOHM

„Alles ist lebendig; Tod ist ein abstrakter Begriff."

(Aus „A Conversation ...", zitiert aus Larry DOSSEY, DIE MEDIZIN VON RAUM UND ZEIT, Basel, Sphinx, 1984.)

William BLAKE

„In einem Sandkorn sieh die Welt, den Himmel im Blütengrunde, Unendlichkeit in deiner Hand und Ewigkeit in der Stunde."

Lotte INGRISCH

„Eigentlich leben wir jetzt schon im Himmel. Wo sonst? Auf einem leuchtenden, tanzenden Stern. Das ist die phantastische Wahrheit, die wir immer wieder vergessen. Lebendiger Teil eines lebendigen Sterns, in den wir eingehen, wenn wir sterben. Wie die Pflanze ...
... Betrachten wir ihren Kreislauf! Der Samen wird zur Frucht, die Frucht zum Samen. Der Tod führt zur Auferstehung und die Auferstehung zum Tod. Was bedeutet es, wenn die Rose verwelkt? Sie wird wieder blühen. Wir wissen nichts über ihren Winterschlaf, ihren Wintertraum in der Erde. Aber wir wissen, daß sie aus dem Dunkel ins Licht zurückkehrt, daß Leben und Tod einander folgen wie die Jahreszeiten, wie Tag und Nacht, und daß beide ein einziges sind.
... Alles verschwindet. Alles taucht wieder auf. Menschen, Pflanzen, Tiere, Sterne. Leben und Tod sind zwei Figuren eines einzigen Tanzes, und die Tänzer sind wir.

... Was geschieht aber, wenn unser Herz nicht mehr schlägt? Wenn die Gehirnströme versiegen und der vertraute Mensch sich in einen fremden Leichnam verwandelt? Nun, stellen Sie sich einmal ihre Lieblingslampe vor! Sie haben viele schöne Stunden in ihrem Schein zugebracht. Jemand zieht den Stecker aus dem Schalter und unterbricht den Kontakt. Es wird dunkel. Ist die Lampe jetzt noch dieselbe?
Es ist das Wesen der Lampe, Licht zu empfangen und auszustrahlen. Es ist da Wesen des Menschen, Bewußtsein zu empfangen und auszustrahlen.

Statt Bewußtsein können Sie auch Seele oder Geist sagen. Die Seele steht durch das Gehirn mit dem Körper in Wechselwirkung. Das Gehirn ist ein Instrument. Das Gehirn ist, wie unsere Lampe, Sender und Empfänger zugleich. Der Tod unterbricht den Kontakt. Aber die Seele wird dabei so wenig zerstört wie das Licht. Der elektrische Strom und der Strom des Bewußtseins dauern fort.

... Der Unterschied zwischen totem Geist und lebendiger Natur existiert nur in unserem Bewußtsein, das jede Einheit als polaren Gegensatz begreift und erlebt. Vielleicht aber ist erst der lebendige und der tote Mensch zusammen der wirkliche Mensch? Die meisten alten Kulturen haben das Weltall als eine große Familie betrachtet. Für sie waren Erde, Himmel und Geister, die Welt der Steine, Pflanzen, Tiere und Menschen Teile eines einzigen Reiches, Zellen und Organe eines höchsten und wunderbaren Organismus.

... Nichts auf dieser Welt ist unbelebt, nichts unbeseelt, und alles ist Geist. Nicht seine Haut begrenzt den Menschen! Ich glaube, ihn begrenzt, was er liebt. Wir reichen so weit wie unsere Liebe. Wie Alice im Wunderland wechseln wir, was sehr verwirrend ist, beständig die Größe, wechseln beständig die Liebe. Wir können so klein werden, daß keine Stecknadel mehr Platz in uns hat. Und wir dehnen uns manchmal ins Unendliche aus. Nicht oft. Äußerst selten sogar. Aber widerfährt es uns nur ein einziges Mal, und sei es im Blitz einer Sekunde, haben wir die Grenze, die Leben und Tod voneinander trennt, überschritten. Denn dann haben wir erkannt, daß es diese Grenze nicht gibt. Auch nicht zwischen organischer und anorganischer Welt. Beide sind eins.

... Denn der Tod ist lebendig. Um dies zu erkennen, müssen wir aber zuvor die Welt zum Leben erwecken. Die ganze Welt in uns und um uns herum. Das ist praktisch dasselbe. Oder können Sie die Welt von ihrem Bewußtsein, Ihr Bewußtsein von der Welt trennen? Ebenso wenig wie das Leben vom Tod.

... In Wahrheit gibt es keinen Unterschied zwischen Leben und Tod! Beides sind wechselnde Zustände unseres Bewußtseins, die seine Identität nicht versehren. Auch Tag und Nacht sind ja wechselnde Zustände der Erde. Wir lieben ihre Dunkelheit, und wir lieben ihr Licht. Aber eins ohne das andere würden wir kaum ertragen. Erst zusammen sind sie vollkommen und eins. So ähnlich mag es sich auch mit Tod und Leben verhalten, und vielleicht ist das Leben die Nacht?

... Die Seele ist kein Vogel im Gefängnis des Leibs, sondern sie erschafft, durchdringt und umhüllt ihn wie eine Wolke, in der sich beständig Gewitter entladen. Eine Wolke, die von anderen Wolken durchzogen wird und ihre Form, wie wir es am Himmel beobachten können, immer wieder verändert. Das heißt, daß wir die Fähigkeit haben, uns zu verwandeln, und daß wir mit allen Wesen und Dingen dieser Welt lebendig verbunden sind. Nicht die Haut ist die Grenze des Menschen, denn er hat keine.

... Ich weiß nicht, ob wir wiedergeboren werden. Ich fürchte und glaube es halt und teile diesen Glauben mit der Mehrzahl der Menschen aller Zeiten. Wahrscheinlich sind wir alle Komödianten und spielen mehr als nur eine Rolle im Leben. Das Totenreich, die Unterwelt scheint eine Theatergarderobe zu sein, in der wir uns für die nächste Rolle kostümieren und schminken, und vielleicht lernen wir dort auch unseren nächsten Text. Aber wir sind eben nicht nur Faust, Hamlet oder die Lustige Witwe. Wir sind, alle Spiele überdauernd, der Spieler. Wir haben eine private, eine metaphysische Identität. Und fallen aus der Rolle, wenn wir uns daran erinnern. Aber ist es nicht das Ziel aller Religionen, den Menschen aus seiner Rolle fallen zu lassen? Denn wohin sonst könnte er fallen als in Gott!
... Unsere Identität fließt, ist ein Prozeß. Unser gewöhnliches Ich ist nur ein Atom in einem Molekül, dem uns inwendig verwandte Menschen aller Zeiten und Räume angehören. Auch Tiere, auch Blumen und Bäume, auch Dinge. Und ein Engel vielleicht? Aber dieses mysteriöse Molekül, das uns in sich vereint, verbindet sich ständig mit anderen, ebenso mysteriösen Molekülen zu neuen Körpern, zu neuen Seelen, zu neuen Geistern. Ich halte dieses Universum für einen lebendigen Organismus und die Sterne für seine Zellen. Wir sind Atome, bilden Moleküle der Sternzelle, die wir Erde nennen.
Kann aber auch sein, alle Sterne sind nur ein einziger Stern, alle Wesen nur Zustände, Erscheinungen, Verwandlungen eines einzigen Wesens. Und das Universum ist ein Lichtlabyrinth, wo wir in den Spiegeln des Raums und der Zeit immer wieder uns selbst begegnen. Der Tod aber ist der große Zauberer, der uns, wie im Märchen, verwandelt. Emanation und Evolution sind die beiden Richtungen eines einzigen Prozesses, sind so eins miteinander wie Leben und Tod."

(Aus REISEFÜHRER INS JENSEITS, München, Goldmann, 1984.)

DIE PLURALISTISCHE SEELE

In ihr sind alle Welten und Weltbilder enthalten, alle Religionen, Mythen und Märchen, alle Sprachen, Wissenschaften und Künste. Ohne ideologische Beschränkung sollte sie vor dem Schüler ausgebreitet werden, damit er von dem Reichtum nehme, was er gerade braucht.

Die Beschränkung auf eine Welt, ein Weltbild, eine Religion, die im Westen Christentum und im Osten Marxismus heißt, schnürt den kindlichen Geist in ein grausames Korsett. Er wird nicht, was doch natürlich wäre, nach allen Seiten wachsen. Er wird zur Einseitigkeit verkrüppeln und mit großer Wahrscheinlichkeit später argwöhnisch, rechthaberisch und intolerant sein. Was für ein Jammer!

Sagten wir nicht, alle Sprachen wären nur Dialekte einer einzigen, vielleicht sogar wortlosen Sprache? Dasselbe gilt für die Religionen, für alle. Daß sich normale Leute wegen dieses oder jenes Dialekts gegenseitig die Köpfe einschlugen und noch immer einschlagen, bleibt ein Rätsel. Oder waren und sind sie gar nicht normal? Wäre es möglich, daß die Schule sie abnormal machte?

Leider, das wäre möglich. Auch oder gerade, weil diese Dialekte zu Masken der Macht wurden. Und wer kann leugnen, daß auch die Schulen längst in den Dienst der Macht treten mußten? Die freie Entfaltung des Geistes aber gefährdet die Macht, und zwar jede. An einer freien Entfaltung des Geistes sind die Herrschenden darum nicht interessiert.

Wir aber, die über die Macht lachen, weil sie lächerlich ist — wir schon! Die Schülerinnen und Schüler, die Eltern, die Lehrer. Wenn sie sich verbünden . . . Verbünden vielleicht auch mit einem Mächtigen, der die Macht als Potenz des Dienens erkannt hat. Wäre es dann nicht möglich, den Strom kindlichen Geistes aus dem tristen

grauen Kanal unserer Betonbildung zu befreien und in die Wildnis zu entlassen, den göttlichen Garten?
Nicht ohne den Kompaß unserer Kultur. Er zeigt, werden wir den Kindern sagen, nach Norden. Und das ist nicht zwingend, denn er könnte überallhin zeigen, und überall ist der Mittelpunkt der Welt. Jeder Weg, werden wir weiter sagen, führt in diesen Mittelpunkt, und wenn es ein guter Weg ist oder man ihn gut geht, führt er noch viel weiter! Ja, und dann sollten wir alle Wege in den kindlichen Geist einzeichnen.

Fangen wir mit den Märchen an! Zuerst mit den eigenen und dann nach und nach mit den fremden, bis sie nicht mehr fremd sind. Ein Kind, das ein polynesisches oder indianisches Märchen versteht, wird höher und freundlicher wachsen.
Auf die Freundlichkeit kommt es an! Zur Liebe können wir niemanden zwingen, nicht einmal uns selbst. Auch interpretieren wir dieses Wort sehr verschieden, und es ist fast unentwirrbar mit unseren Instinkten, Hormonen und Egoismen vermischt. Und nichts schlägt so leicht in Haß um wie unsere Liebe. Ich fürchte, wir wissen noch gar nicht, was Liebe ist.
Aber Freundlichkeit verstehen wir schon, und unser Herz kann sie erlernen. Freundlichkeit bedeutet, gegen niemanden Partei zu ergreifen, und für alle. Freundlichkeit bedeutet die Ausstrahlung von Wärme und Licht nach allen Seiten, wie die Sonne es tut. Freundlichkeit ist ohne Unterscheidung und ohne Unterschied.

Sind Märchen freundlich? Nein, sie sind es nicht. So wenig wie die Mythen der Welt. Religionen mögen transzendierte Märchen sein, transzendierte Mythen. Oder haben sie vielleicht mit den Jahreszeiten der Seele zu tun? Im Frühling blühen die Märchen, im Sommer reifen die Mythen, im Herbst ernten wir die Religionen. Und im Winter? Er ist die geheimnisvolle Zeit der Zeitlosigkeit, die Gegenwart zwischen Werden und Vergehen, der lebendige Tod der Mystik.

Die Schule sollte den Jahreszeiten der Seele folgen. Hat das Kind sich im bunten Territorium der Märchen zurechtgefunden, kann man es in die Welt der Mythen einführen. In die Welt aller Mythen! Denn die Menschheit ist allzeit und überall ein einziger Leib des Bewußtseins, und in den großen und kleinen Adern dieses Leibes kreist das Blut der Märchen, Mythen und Religionen. Wie unser irdisches Blut nährt und verbindet es die Teile des Leibes, und wir können diesen Kreislauf an keiner Stelle anhalten, ohne Schaden zu erleiden.

Haben wir diesen spirituellen Kreislauf nicht in den Kindern angehalten und ihnen damit ernstlichen Schaden zugefügt? Nur, weil wir räumliche und zeitliche Fragmente unserer Kultur verabsolutierten. Aber lassen wir sie endlich wieder zusammenwachsen, die Zeiten, die Räume, die Kulturen! Zusammenwachsen auch im kindlichen Geist.

Also wirklich alle Märchen, alle Mythen präsentieren, gleichberechtigt und ohne Unterschied? Ja und nein. Wir haben ein Standbein, und ein Spielbein. Auch im Kopf? Das vermute ich wenigstens. Und dieses Standbein würde ich in den keltisch- germanischen Kreis stellen. Vielleicht auch noch in den griechischen. Und das Spielbein überallhin!

Unsere keltischen oder gar germanischen Wurzeln zu suchen, ist seit Hitler äußerst verdächtig. Ich finde das dumm. Was haben die alten Götter und Geister mit den Konzentrationslagern zu tun? Wir müssen uns nicht unserer Wurzeln, sondern unserer Grausamkeit schämen. Die Juden sind ein faszinierendes Volk. Die Kelten auch. Was soll schlimm daran sein, von ihnen abzustammen und sich neugierig nach der eigenen Vergangenheit umzudrehen?

Es ist auch nicht so, daß wir unsere jüngste Vergangen-

heit bewältigen müssen. Was wir bewältigen müssen, ist unsere gegenwärtige Überheblichkeit, unsere gegenwärtige Intoleranz, unseren gegenwärtigen Haß.
Dies alles werden wir aber kaum bewältigen, indem wir Odin verdrängen, den Leben und Tod verbindenden Gott, der auch als Hermes und Erzengel Michael erscheint.
Vielleicht könnten wir Mythologie so lehren und verstehen? Die Einheit erscheint uns als Vielfalt, das Sein als Werden, und wenn wir im Werden das Sein und in der Vielfalt die Einheit aufspüren, haben wir wirklich etwas gelernt. Nämlich uns selbst, die werdenden Seienden, die vielfältigen Einen. Juden und Germanen? Ein Diamant funkelt in vielen Farben. Erfreuen wir uns an dem bunten Spiel! Wie kann eine Farbe die andere auslöschen wollen? Die Absurdität solcher Wünsche sollte man Kinder zu verstehen lehren. Denn die Moral ist ein schwaches Geschütz. Sekundär und abhängig von der jeweiligen Kultur, wird sie nur durch Drohung und Angst an einem kümmerlichen Leben erhalten.
Merken wir, wie wichtig Schule und Unterricht sind? Sie können ein Werkzeug des Friedens sein, und ein Werkzeug des Kriegs. Hier wird der Radius des Menschen gezogen, und nur wenige können ihn, wenn er zu eng ist, durchbrechen.

Zurück zu den Märchen! Und Mythen. Und Religionen, die sollte man wahrscheinlich nicht vor dem fünfzehnten Lebensjahr lehren. Und dann alle! Mit Standbein, mit Spielbein. Und es dem Schüler überlassen, Stand- und Spielbein zu wechseln.
Weil wir, trotz unserer örtlichen Wurzeln, ungebunden im Raum sind. Und trotz unserer zeitlichen Wurzeln ungebunden auch in der Zeit. Unsere Freiheit der Wahl ist die Freiheit des Spiels. Und auch das sollten die Schüler wissen. Daß sie spielen, ohne zu wissen, worum? Oder vielleicht ist es ein Spiel ohne Gewinn und Verlust.

Sind Religionen absolut? Sie sind es nicht, und so sollten wir sie auch nicht lehren. Religionen sind Gespräche der Seele mit sich selbst. Und diese Seele reicht weit über das, was wir unsere historische Persönlichkeit nennen, hinaus! Aber absolut und endgültig? Das würde eine messerscharfe Grenze innerhalb unserer eigenen Entfaltung setzen. Der Schmetterling, der aus der Raupe kriecht, würde seine Flügel an dieser Grenze zerschneiden. Und nie wieder fliegen können . . .
Sind Farben absolut, Rassen? Es gibt auch spirituelle Rassen und Farben. Wenn sie sich selbständig machen, die Einheit des Seins verleugnen, werden sie sehr gefährlich. Aber bekämpfen soll man sie nicht! Sondern ihrer eigenen Erinnerung zuführen, ihrem Ursprung. Denn alles, was sich haßt und bekämpft, was um jeden Preis um den Primat ringt, entspringt ja derselben Quelle . . .

Den Reichtum der Märchen, den Reichtum der Mythen, den Reichtum der Religionen wollen wir den Kindern zeigen, denn es ist der Reichtum ihrer eigenen Seele.
Und haben wir den Kindern alle die vielen wunderbaren Schöpfungen gezeigt, wollen wir versuchen, sie behutsam zur Schöpferin selbst zu geleiten, der Seele. Mystik als höchste Stufe des Unterrichts!
Was sonst!

SIMON, der Magier

„Ich kann über Wolken, auf dem Meer und durch die Berge gehen, ich kann mich in einen jungen Mann, in einen Greis, in einen Tiger oder eine Ameise verwandeln, kann dein Gesicht annehmen, dir meines geben, den Blitz lenken. Hörst du?"

Walter HEITLER

„Der Gehirn-Physiologe Sherrington hat das Gehirn einen ‚enchanted loom', einen verzauberten Webstuhl, genannt, auf dem unsere Erlebnisse sinnvoll gewoben werden ... Die Welt des Geistes, zu der wir beschränkten Zugang haben, ist nicht endlich. Sie reicht – es kann nicht anders ausgedrückt werden – zu Gott."

(Aus DIE NATUR UND DAS GÖTTLICHE, Zug, Klett und Balmer, 1976.)

William BLAKE

„Wären die Pforten der Wahrnehmung freigelegt, erschiene dem Menschen alles, wie es ist: unendlich."

CHRISTUS zugeschrieben

„Das Reich des Vaters ist über der Erde ausgebreitet und die Menschen sehen es nicht."

(Aus dem gnostischen THOMAS-EVANGELIUM)

YÜ TSING

„Das Land, das nirgends ist, das ist die wahre Heimat ..."

(Aus SYMBOLIK DES MÄRCHENS, Hedwig VON BEIT, Bern, Francke, 1971.)

William Butler YEATS

„Die Grenzen unseres Bewußtseins sind fließend. Viele Vorstellungen können sich in ihm miteinander verweben und eine einzelne Vorstellung kann sich so herstellen, eine bestimmte Energie."

UNBEKANNTER IRISCHER AUTOR des 9. Jahrhunderts

„. . . und manchmal flogen sie durch die Luft
hinüber in die Anderswelt."

Frederik HETMAN

„Zwischen den Sterblichen und den Feen, zwischen den realen und der Anderswelt betanden und bestehen enge Beziehungen. — Das ‚Reich hinter den Wellen' ist die Anderswelt, aber als solche auch das Totenreich. — Die Anderswelt ist als das Reich der Seele erkennbar."

(Aus DIE REISE IN DIE ANDERSWELT, Düsseldorf, Diederichs, 1981.)

„Der Tod ist der Zeugende!"

(Keltisches Totenlied)

„Ich frage dich", sprach der Fürst zu seinem seltsamen Besucher aus einem anderen Reich, „was war der See, auf den wir jetzt blicken, in früherer Zeit?" „Das weiß ich sehr wohl", sagte der junge Mann. „Er war gelb. Er blühte. Er war grün. Er war hügelig. Er war eine Stätte, an der man zechte und trank. Silber barg er und Streitwagen. Ich ging hindurch, als ich ein Hirsch war. Als ich ein Lachs war. Als ich ein wilder Hund war. Als ich Mensch war, badete ich darin. Ich trug ein gelbes Segel und ein grünes Segel . . . Ich kenne weder Vater noch Mutter. Ich spreche mit den Lebenden und den Toten."

(Aus John SHARKEY, DIE KELTISCHE WELT, Frankfurt am Main, Insel, 1982.)

„Manchmal gehe ich umher voll Mitleid mit mir selbst,
und die ganze Zeit
trägt mich der Große Wind über den Himmel.“

(Anonymer Autor der Ojibwa-Indianer)

„Ich bin das Heute.
Ich bin das Gestern.
Ich bin das Morgen.
Meine wiederholten Geburten durchschreitend
Bleibe ich kraftvoll und jung;
ich bin dem Geheimnis verwobene göttliche Seele,
Die einstmals, in frühester Zeit,
Die Göttergeschlechter erschuf
Und deren verborgenes Wesen ernähret
im Himmel, im Duat, in Amenti die Götter ...
Ihr alle, erfahret:
Ra bin ich, wahrlich!
Er dagegen, der Gott, bin ich!“

(„Vom Heraustreten der Seele ins Tageslicht“ aus dem ÄGYPTISCHEN TOTENBUCH, Weilheim, Barth, 1970.)

Mircea ELIADE

„Die mythische Zeit der Ursprünge ist eine ‚starke‘ Zeit, weil sie durch die aktive, schöpferische Gegenwart der übernatürlichen Wesen verklärt wurde. Das Hersagen der Mythen stellt diese phantastische Zeit wieder her; man wird zum Zeitgenossen der geschilderten Ereignisse, tritt aus der profanen, chronologisch geordneten Zeit heraus und begibt sich in eine andersgeartete Zeit – eine ‚heilige‘ Zeit.“

(Aus MYTHEN DER WELT, Luzern, Bucher, 1976.)

„Die in ihrer Totalität desakralisierte Welt, der gänzlich desakralisierte Kosmos, ist eine neue Entdeckung in der Geschichte des menschlichen Geistes.“

(Aus DAS HEILIGE UND DAS PROFANE, Hamurg, Rowohlt, 1957.)

Herbert PIETSCHMANN

„Diese Erfolge haben uns auf der Straße der Naturwissenschaft so schnell vorwärtskommen lassen, daß wir die Wegscheide, ja die andere Straße vergessen haben. Das Modell, das die Naturwissenschaft konstruiert, erscheint uns ernster, wichtiger und realer als die erlebte Wirklichkeit. Widersprüche werden nicht mehr bloß eliminiert, sie werden zu Irrtümern, deren Auftreten einer Panne gleichkommt. So müssen wir die Beschreibung der Methode der Neuen Wissenschaft durch Galilei heute ergänzen, indem wir sagen: ‚Alles was meßbar ist, messen, was nicht meßbar ist, meßbar machen, und was nicht meßbar gemacht werden kann, ableugnen.' Und die ‚Austreibung der Geister aus der Natur' ist zu einer ‚Austreibung des Geistes aus der Welt' geworden."

(Aus DAS ENDE DES NATURWISSENSCHAFTLICHEN ZEITALTERS, Wien, Zsolnay, 1980.)

Joseph CAMPBELL

„Wir im Westen haben unserem Gott einen Namen gegeben oder vielmehr, wir haben den Namen der Gottheit einem Buch aus einer Zeit und von einem Ort entnommen, die nicht die unseren sind. Und man hat uns gelehrt, nicht nur an die absolute Existenz dieser metaphysischen Fiktion zu glauben, sondern auch an ihre Bedeutung für die Gestaltung unseres Lebens …

Wir leben heute in einer Endmoräne solcher überlebter Mythen und mythischen Symbole, großer und kleiner Bruchstücke von Traditionen, die früher einmal Kulturen stifteten und trugen. Die jetzt im Entstehen begriffene globale Zivilisation hat jedoch bislang die geistigen Metaphern ihrer eigenen Mythen und Riten noch nicht hervorgebracht: Die alten Götter liegen im Sterben, aber die neuen sind noch nicht geboren …

Der Name Eden bedeutet auf hebräisch ‚Freude, Ort der Freude', und unser deutsches Wort Paradies, das von persisch pairi-, ‚um … herum', und deaza, ‚Wand, Zaun', stammt, bedeutet eigentlich ‚Umfriedung'. Eden ist also offenbar ein eingefriedeter Lustgarten, in dessen Mitte der große Baum steht bzw. die zwei Bäume: der Baum der Erkenntnis von Gut und Böse und der Baum des ewigen Lebens. Außerdem fließen aus einer unversiegbaren Quelle in seinem Innern vier Ströme in die vier Himmelsrich-

tungen und verjüngen die Welt. Und als unsere Ureltern, nachdem sie die Frucht gegessen hatten, vetrieben wurden, wurden zwei Cherubim an seiner östlichen Pforte aufgestellt, um den Rückweg zu bewachen.
Wenn man den Garten Eden nicht als einen geographischen Schauplatz, sondern als eine Landschaft der Seele begreift, so müßte er in unserem Innern liegen. Doch unser Bewußtsein vermag ihn nicht zu betreten und dort das ewige Leben zu genießen, da wir bereits die Erkenntnis von Gut und Böse gekostet haben. Sie muß also die Erkenntnis sein, die uns aus dem Garten hinausgeworfen, uns aus unserer eigenen Mitte gestoßen hat, so daß wir nun anhand dieser Begriffe über die Dinge urteilen und nichts als Gut und Böse wahrnehmen anstelle des ewigen Lebens. Dabei muß uns dieses bereits sicher sein, wenn auch unser bewußtes Ich nichts davon weiß, denn der umfriedete Garten liegt in uns. Anscheinend wäre dies die Bedeutung des Mythos, wenn er nicht als vorgeschichtliches Geschehen, sondern als Hinweis auf den inneren Geisteszustand des Menschen verstanden würde."

(Aus LEBENDIGER MYTHOS, München, Dianus-Trikont, 1985.)

William JAMES

„Es ist der Sachverhalt, daß unser normales waches Bewußtsein, das rationale Bewußtsein, wie wir es nennen, nur ein besonderer Typ von Bewußtsein ist, während überall jenseits seiner, von ihm durch den dünnsten Schirm getrennt, mögliche Bewußtseinsformen liegen, die ganz andersartig sind. Wir können durchs Leben gehen, ohne ihre Existenz zu vermuten; aber man setze den erforderlichen Reiz ein, und bei der bloßen Berührung sind sie in ihrer ganzen Vollständigkeit da."

(Aus DIE VIELFALT RELIGIÖSER ERFAHRUNG, Olten, Walter, 1979.)

Abraham MASLOW

„Die größte Errungenschaft der Identität — ist in sich gleichzeitig eine Transzendenz seiner selbst, ein Hinausgehen über und jenseits der Selbstheit. — In Grenzerfahrungen fühlt der Mensch sich gewöhnlich auf dem

Gipfel seiner Kräfte, – integrierter als zu anderen Zeiten, – besser imstande, mit der Welt zu verschmelzen, – intelligenter, – anmutiger. – Man wird wie ein Fluß ohne Dämme. – Die Mühelosigkeit und Leichtigkeit des Funktionierens – sollte als eine epiphänomenale Eigenschaft des ‚Wirklich-man-selbst-Seins' erwähnt werden. – Auch braucht man es, glaube ich, um jene Art gottähnlicher Heiterkeit (Humor, Spaß, Albernheit, Torheit, Spiel, Lachen) ganz zu verstehen, die – eine der höchsten Seins-Werte der Identität ist."

(Aus GEIST UND PSYCHE, München, Kindler, 1981.)

TAUSEND GOLDENE LÖWEN

Sie befinden sich, so sagt man im fernen Osten, in jedem einzigen Haar. Und ich bin dafür, daß man sie in jedem einzigen Haar sucht. In der Schule, und konventionellerweise heißt das wahrscheinlich Kunstunterricht.
Natürlich muß man Kunst und Magie wieder miteinander verbinden, denn Kunst als Bildung oder Unterhaltung ist einfach zu wenig. Kunst ist Beschwörung!
Beschwörung von Wirklichkeiten? Das halte ich durchaus für möglich, und wir müssen sie darum sehr ernst nehmen. Oder sehr heiter, das hängt ganz von unserer objektiven Beziehung zur subjektiven Wirklichkeit ab.
Lassen wir die Studierenden also tanzen, singen und komponieren, Theater und Instrumente spielen, dichten, malen, modellieren und was es sonst schon alles gibt, oder noch nicht. Denn vielleicht können wir sogar Künste erfinden?
Zeigen wir, wie man es macht. Aber zeigen wir nicht zu viel! Die Qualität sogenannter Kunstwerke hat mit ihrer Perfektion überhaupt nichts zu tun. Das WAS ist wichtig, und nicht das WIE.
Läßt beides sich voneinander trennen? Nein, selbstverständlich nicht. WAS und WIE müssen im Gleichgewicht sein, einer äußerst empfindlichen Balance, wenn das Bild oder Lied oder was immer uns in Erregung, in eine neue Schwingung versetzt. Aber es gibt so viele Balancen wie Werkchen oder Werke, und sollte der eine oder andere Schüler solche später professionell anfertigen, wird er überrascht erkennen, daß der Erfolg seiner Erzeugnisse von ihrer wechselnden Balance zum jeweiligen Publikum abhängt.

Kunst ist nicht nur wichtig als Beschäftigungstherapie für eine unbewältigte Freizeit, die uns in Zukunft erwar-

ist es, eine leere Seite der Zukunft, auf daß sie Gegenwart werde, zu füllen.

Aber wir können doch nicht alle Märchen, Mythen, Religionen erfinden? Doch, das können wir schon. Viele unterirdische Rinnsale werden gemeinsam als Quelle aus der Erde brechen, und viele Quellen werden gemeinsam als Fluß durch die Welten fließen, in Ströme münden, ins Meer.

Unsere Schülerinnen und Schüler zu Dichtern ihrer selbst und somit zu Dichtern ihrer Wirklichkeit zu erziehen — was sonst wäre der Sinn einer Schule?

C. G. JUNG

„Wenn wir die Hypothese der Existenz eines ‚subtle body' ernst nehmen, so legt dies nahe, daß der Übergang zwischen dem grobmateriellen Körper (und seiner energetischen Manifestationsweise) graduell in das Psychische weiterginge, d. h. daß dasjenige, was wir heute als physikalische Energie und als psychische Energie bezeichnen, letztlich Aspekte ein und derselben Energie sein könnten. Es könnte sein, daß die Psyche als unausgedehnte Intensität aufzufassen wäre und nicht als ein in der Zeit sich bewegender Körper. Man könnte annehmen, daß Psyche von kleinster Extensität zu unendlicher Intensität aufsteigt und den Körper irrealisiert; wenn sie z. B. Lichtgeschwindigkeit überschreitet . . . Von diesem Gesichtspunkt aus könnte das Hirn eine Umschaltstation sein, in der die relativ unendliche Spannung oder Intensität der Psyche in wahrnehmbare Frequenzen oder ‚Ausdehnungen' gewandelt wird. Umgekehrt erklärt sich das Ausbleiben introspektiver Körperwahrnehmungen durch eine graduelle ‚Psychifizierung', d. h. Intensivierung, auf Kosten der Ausdehnung. Psyche = höchste Intensität auf kleinstem Raum."

(Brief an Raymond Smythies aus Marie-Louise VON FRANZ, TRAUM UND TOD, München, Kösel, 1984.)

WELTBILDERBUCH

Seite um Seite blättern wir mit unseren Schülern, unseren Schülerinnen das Weltbilderbuch um. Ist nicht jede Seite ein Wunder? Jede darf, keine muß gefallen. Wollen wir Zensuren verteilen? Bitte nicht! Zensuren zu verteilen, ist leicht. Wir aber wollen lernen und lehren, keine Zensuren mehr zu verteilen. Das ist sehr schwer, ich weiß gar nicht, ob wir es schaffen. Aber wenn, dann hat unser Herz einen Quantensprung getan und schlägt anders als früher. Und überall ist unsere Mitte.
Irgendwann werden wir auf die erste Seite stoßen, die leer ist. Und irgendwann werden wir entdecken, daß viele, daß fast alle Seiten unseres Weltbilderbuches noch weiß sind. Wie schön! Wir werden den Pinsel unseres Geistes in die Farben dieser Welt tauchen und die weißen Seiten mit Träumen bemalen. Und jeder Traum wird ein Spiegel sein, in dem wir uns selber erkennen. Nicht die Wirklichkeit? Das fragen wir, als wäre sie von unserem Traum, unserem Spiegel, von uns selbst getrennt. Keine Grenze verläuft zwischen ihr und unserem innersten Sein. Nur die Gleichung, daß wir selbst unsere Wirklichkeit sind, haben wir bisher an keiner staatlichen Schule gelernt.
Jede Seite unseres Weltbilderbuchs ist eine weiße Seite der Wirklichkeit, und wir färben sie mit unserer Hoffnung und Angst, mit unserem Haß, mit unserer Liebe und mit unserer Phantasie.

Wie alt sind sie jetzt, unsere Schülerinnen und Schüler? Drei Jahre vor ihrer Entlassung, oder vielleicht nur mehr eins? Es ist an der Zeit, ihnen eine große Aufgabe zu stellen. Jedem einzelnen, oder der Klasse zusammen? Ich weiß es nicht, von Fall zu Fall mag das verschieden sein, und jede Klasse hat ihr Gefälle. Die Aufgabe aber

tet. Und dann wird es die von jedermann ausgeübte, die Laienkunst sein, die unsere Gesellschaft möglicherweise, indem sie freie Energie bindet, vor katastrophalen Aggressionen und Depressionen bewahrt.
Kunst ist wesentlich der immerwährende Entwurf des Menschen von sich selbst und seiner Welt. Ein echter Schöpfungsakt, die Nachtseite der Politik, wie Politik die Tagseite der Kunst ist. Aber beides ist eine einzige Münze, und wir wechseln unsere Wirklichkeit für sie ein.
Gehören die Wissenschaften der politischen oder der Kunstseite dieser Münze an? Nun, ich habe die Wissenschaften immer als Künste betrachtet. Und Politik? Ist sie nicht auch eine Wirklichkeit entwerfende Kunst? Hat die Münze am Ende nur eine einzige Seite?
Am Ende schon, genau wie am Anfang. Aber wir stekken gerade irgendwo in der Mitte. Dort suchen wir die tausend goldenen Löwen in einem einzigen Haar, und während wir sie erschreckt und entzückt finden, wissen wir, daß es weder die tausend Löwen gibt, noch das einzige Haar.
Oder vielmehr: es gibt sie, und es gibt sie nicht!

Karl PRIBRAM

„Es ist nicht so, daß die Welt der Erscheinungen falsch wäre; es ist nicht so, daß es auf einer Ebene der Realität keine Objekte gäbe. Wenn man das Universum durchdringt und es mit einem holographischen System betrachtet, so gelangt man zu einer anderen Realität, welche die Dinge erklären kann, die bis anhin wissenschaftlich nicht erklärbar waren: paranormale Phänomene ... Synchronizität, das offenbar bedeutungsvolle Zusammentreffen von Ereignissen. – Es wird eine Weile dauern, bis sich die Menschen mit der Idee vertraut gemacht haben, daß es noch eine andere Ordnung der Realität gibt als die Welt der Erscheinungen. – Meine stärkste Ahnung sagt mir, daß der Zugang zu jenen anderen Bereichen durch Aufmerksamkeit erlangt wird ... daß das Gehirn irgendwie seine gewöhnlichen Zwänge beseitigen und Zugang zu der in sich geschlossenen Ordnung erlangen kann ...“

(Aus Marilyn FERGUSON, DIE SANFTE VERSCHWÖRUNG, Basel, Sphinx, 1982.)

„Der große Vorteil des holographischen Modells besteht darin, daß seine Metaphern auf angemessenere Weise mit der Ökologie verknüpft sind. Dieses Modell besagt: Während jemand Erfahrungen erlangt, die vom Gehirn gespeichert werden, wird ein multidimensionales Energiefeld erzeugt. Dieses Energiemuster (d. h. des Denkens) wird gleichzeitig im Gehirn erzeugt. – Pribrams Werk erhebt sich über die newtonschen Gewohnheiten und weist in Richtung eines ‚normalen'oder 'natürlichen, Kontextes für den Holismus. Es liefert uns die Einsicht, daß Erfahrungen strukturell über das ganze Gehirn verteilt und nicht in Teilbereichen der Hirnrinde lokalisierbar sind, wie es die bisherige Forschung anzunehmen beliebte. Diese neurophysiologische Befreiung ermutigt diejenigen von uns, die sich mit Erziehungswissenschaft und Psychologie befassen, die bisherigen reduktiven Praktiken aufzugeben. – Holonomisches Erkennen ist holistisch. Es muß das Nichtrationale ebenso anerkennen wie das Rationale. – Die Idee des in getrennten Hemisphären funktionierenden Gehirns erlaubt uns, die Möglichkeit von verschiedenen Arten des Erkennens anzuerkennen und zu würdigen. Die Idee des holographischen Gehirns macht uns die gleichzeitige Gültigkeit der Vernetzung dieser Erkenntnisweisen einleuchtend.“

(Bob SIMPLES, HOLONOMISCHES ERKENNEN aus DAS HOLOGRAPHISCHE WELTBILD, Bern, Scherz, 1986.)

den muß und nicht als eine einfache Abfolgeordnung nach Art einer Uhr oder eines Lineals."

(Aus DIE IMPLIZITE ORDNUNG, München, Dianus-Trikont, 1985.)

WIE FINDE ICH MEINEN MYTHOS?

Etwas anderes kann ich leider nicht sagen. Jeder muß seinen Mythos allein finden, und in diesem Mythos sich selbst. Und es macht gar nichts, wenn es viele verschiedene gibt. Es gibt ja auch viele verschiedene Menschen. Für alle, Menschen und Mythen, gibt es Platz genug im Herzen der Erde.

Schlagen wir also das nächste weiße Blatt im Weltbilderbuch auf. Die leere Seite der Gegenwart. Während wir darauf warten, sie als Vergangenheit zu erfahren, wird der Tanz unseres Geistes zum Bild . . .

Mythos ist vielleicht das Boot, mit dem wir den Strom unseres Lebens überqueren. Wie tanzt man ein Bild, wie baut man ein Boot?

Zum Beispiel: Ich liebe die Wissenschaften, und unter ihnen besonders die Mikrophysik und die Astronomie. Dann habe ich eine Leidenschaft für Feen, und geradezu verrückt bin ich nach einem Kobold. Den Tod empfinde ich als Zärtlichkeit. Ob er auch eine Entrükkung ist, oder ob die Bewegung, die wir für unsere Person halten, sich bruchlos forsetzt, weiß ich nicht. Ich neige dazu, mir Angst und Sorgen um Wesen, die ich liebhabe, zu machen. Das bedeutet, daß mir das Urvertrauen fehlt, und daß ich nicht alle Wesen, wie sich das vielleicht gehört, liebe. Eine sanfte Anarchie wäre mein politischer Traum, und außerdem wünsche ich mir die Gleichberechtigung aller Pflanzen, Tiere und Menschen. Daß wir uns gegenseitig auffressen, ist nur solange schlimm, als wir einander als getrennte Existenzen betrachten. Wahrscheinlich gehen in der Wirklichkeit, die wir noch nicht erkennen, einfach Energiefelder ineinander über, und das pausenlos. Macht interessiert mich

Niels BOHR

„Das Gegenteil einer richtigen Behauptung ist eine falsche Behauptung, aber das Gegenteil einer tiefen Wahrheit kann wieder eine tiefe Wahrheit sein."

Joseph CAMPBELL

„Es gibt eine eigenartige, höchst interessante Redeweise im Japanischen, die in einer ganz besonderen Art des höflichen, aristokratischen Sprechens besteht und eine ‚Spielsprache', asobase kotoba, genannt wird. Anstatt etwa zu jemandem zu sagen: ‚Ihr kommt in Tokyo an', würde man diese Feststellung mit dem Satz: ‚Ihr spielt Ankunft in Tokyo' ausdrücken. Man geht hierbei davon aus, daß die angeredete Person ihr Leben und ihre Kräfte so in der Gewalt hat, daß für sie alles ein Spiel ist. Sie kann am Leben teilnehmen, wie man an einem Spiel teilnimmt, frei und unbeschwert. Dieser Gedanke wird sogar so weit geführt, daß man nicht zu jemandem sagt: ‚Ich habe erfahren, daß Euer Vater gestorben ist', sondern vielmehr: ‚Ich habe vernommen, daß Euer Herr Vater Sterben gespielt hat.' Ich möchte behaupten, daß dies wirklich eine edle, prachtvolle Art ist, dem Leben zu begegnen."

(Aus LEBENDIGER MYTHOS, München, Dianus-Trikont, 1985.)

David BOHM

„Unser Denken ist fragmentiert, vor allen Dingen dadurch, daß wir es für ein Bild oder Modell dessen halten, ‚was die Welt ist'. – Es wird vor allem darum gehen, den Anteil zu untersuchen, den der Bau der Sprache bei dieser Art von Fragmentierung im Denken hat. – Uns soll es darum zu tun sein, mit Veränderungen im Bau der Umgangssprache zu experimentieren. – In der Tat lernt man am besten begreifen, wie man von einer Gewohnheit (wie sie der übliche Sprachgebrauch zu einem hohen Grade darstellt) geprägt ist, indem man sich gelegentlich ‚auf die Probe stellt', wenn man etwas vom automatischen und gewohnten Trott grundsätzlich Abweichendes tut, und dabei sorgfältig darauf achtet, was dabei geschieht . . .

Als vorläufigen Einstieg können wir fragen, ob die gewöhnliche Umgangssprache Züge aufweist, die diese Fragmentierung eher bestärken und verbreiten und sie vielleicht auch widerspiegeln. Eine flüchtige Prüfung zeigt, daß ein sehr bedeutsamer Zug dieser Art das Satzschema Subjekt-Prädikat-Objekt ist. – Dieses Schema besagt, daß alles Wirken von einer abgetrennten Wesenheit, dem Subjekt, ausgeht, um daraufhin – sofern es durch ein transitives Verb beschrieben wird – den Raum zwischen dieser und einer anderen getrennten Wesenheit, dem Objekt, zu durchqueren ...
Dies ist ein allgegenwärtiges Schema, das dazu führt, daß dem Denken im Lebensganzen die Aufgabe zukommt, das Sein in voneinander getrennte Seiende zu unterteilen, also in Gebilde, die man sich im Grunde als ihrer Natur nach starr und statisch denkt. Wird diese Sicht bis zum Äußersten getrieben, so gelangt man zur herrschenden naturwissenschaftlichen Weltanschauung, die alles als letztlich aus einer Menge fester Elementarteilchen zusammengesetzt betrachtet.
Das Schema Subjekt-Prädikat-Objekt der Sprache neigt in Verbindung mit der zu ihm gehörigen Weltanschauung dazu, unser Sprechen stark zu prägen, selbst in Fällen, in denen sich bei einiger Achtsamkeit seine offensichtliche Untauglichkeit aufweisen ließe. Man betrachte beispielsweise den Satz: ‚Es regnet.' Wo ist dieses ‚Es', das dem Satz zufolge der ‚Regner' ist, der das Regnen besorgt? Es wäre doch genauer zu sagen: ‚Regen fällt.'

Ist es nicht möglich, die Syntax und die grammatikalische Form der Sprache so zu verändern, daß dem Verb anstelle des Substantivs eine tragende Rolle zukommt? – Das Verb beschreibt Handlungen und Bewegungen, die ohne scharfe Trennungen oder Brüche ineinander fließen und übergehen. Da sich zudem Bewegungen in der Regel immerzu verändern, besitzen sie kein bleibendes, starr geformtes inneres Gerüst, mit dem man getrennt existierende Dinge gleichsetzen könnte ...
Unsere Fähigkeit zum Wahrnehmen und Verstehen ist offenbar so eng oder so weit wie die Freiheit, mit der wir unsere Achtsamkeit umordnen können.
Die Sprache ist ein ungeteiltes Feld der Bewegung. – Es ist einigermaßen willkürlich, den Brüchen zwischen den Worten die gegenwärtige übertriebene Bedeutung beizumessen. – Sprache macht nicht nur auf Ordnung aufmerksam. Sie ist eine Ordnung aus Lauten, Wortgefügen, Nuancen des Ausdrucks und der Gebärde usw. Offensichtlich hängt die Bedeutung einer sprachlichen Mitteilung wesentlich von der Ordnung ab, die Sprache ist. Diese Ordnung gleicht der einer Symphonie, in der jedes Motiv und jede Bewegung im Licht ihrer Beziehung auf das Ganze verstanden wer-

„Die vielleicht tiefste Erkenntnis, zu der uns die Holographie führt, ist die reziproke Beziehung zwischen dem Frequenzbereich und dem Bild-Objekt-Bereich. -Ist Geist eine Eigenschaft, die durch die Wechselwirkung des Organismus mit seiner Umwelt entsteht, oder reflektiert Geist die grundlegende Ordnung des Universums (zu dem das Gehirn des Organismus gehört)? Bildwahrnehmungen sind mentale Konstruktionen. — Doch gehört zum Vorgang der Konstruktion von Bildwahrnehmungen ein reziprokes Stadium, eine Transformation in den (holographischen) Frequenzbereich. Dieser Bereich ist nicht nur für die Verarbeitung im Gehirn charakteristisch, sondern auch für die physikalische Wirklichkeit. Bohm nennt ihn die eingefaltete Ordnung, in der Punkte eingefaltet und über das ganze Gehirn ausgebreitet werden.

Im eingefalteten holographischen Bereich verwischt sich die Unterscheidung zwischen den Punkten. Die Information breitet sich aus wie im Beispiel der Wasseroberfläche eines Teichs. (Man werfe eine Handvoll Kiesel oder Sand in den Teich, und die von jedem Kiesel oder Sandkorn verursachten Wellen werden sich mit denen überschneiden, die von den anderen Kieseln oder Sandkörnern verursacht werden, wodurch Strukturen sich gegenseitig überlagernder Wellenfronten entstehen. Die spiegelglatte Oberfläche des Teichs ist auf einmal wild gekräuselt, doch steckt in diesem Gekräusel ein unvermutet geordnetes Muster. Könnte man den Teich in diesem Augenblick urplötzlich gefrieren lassen, dann wäre seine Oberfläche ein Hologramm.) Was der Organismus ist (mit den ihn bildenden Organen), ist nicht mehr scharf von dem unterscheidbar, was außerhalb der Begrenzung durch die Haut liegt. Im holographischen Bereich stellt jeder Organismus in gewisser Weise das Universum und jeder Teil des Universums in gewisser Weise die in ihm enthaltenen Organismen dar."

(Karl H. PRIBRAM, WORUM GEHT ES BEIM HOLOGRAPHISCHEN PARADIGMA? aus DAS HOLOGRAPHISCHE WELTBILD, Bern, Scherz, 1986.)

DAS NETZ DER SPRACHE

Wir knüpfen das Netz der Sprache, werfen es aus ins Nichts und ziehen das Etwas an Land. Welches Land? Das zwischen Nichts und Etwas, Möglichkeit und Wirklichkeit verlaufende Ufer unseres Bewußtseins.
Gefällt uns der Fang nicht mehr, müssen wir andere Netze knüpfen. Sollten wir die Studierenden nicht auch in der Kunst des Netzknüpfens unterweisen? Sogar in der Hoffnung, daß sie unsere alten Netze dann nicht mehr auswerfen werden, sondern ganz andere . . .
Ich selbst bin ein Fischer, der schon lang davon träumt, das Wort ICH nicht mehr in seine Netze zu knüpfen. Aber was sonst? Einfach ein Loch an der Stelle lassen? Oder ich könnte auch in der dritten Person von mir denken und reden. Lotte, Charlotte, Frau Ingrisch. So wie Kirschbaum, Petersilie, Esel. Und das würde etwas verändern? O ja, beinahe alles. Wollen wir es nicht alle versuchen?

Es gibt eine Evolution der Sprache, es gibt eine Revolution der Sprache, und es gibt mutierende Wörter. Sprache ist ein Prozeß, dem wir unsere schöpferische Aufmerksamkeit zuwenden sollten.
In der Sprache verändern wir ohne Terror und blutige Kriege die Welt.

überhaupt nicht, Erfolg mäßig, und Geld nur, soweit es mich unabhängig von anderen macht. Diese Unabhängigkeit aber ist nichts anderes als das Fehlen von Demut. Meine Logik ist das Paradoxon, und für das wesentlichste Prädikat des Menschen halte ich den Humor. So, das sind die Farben meines Bildes. Die Schritte meines Tanzes. Die Materialien zum Bauen des Boots.

Vielleicht sollte jeder, bevor er seinen Mythos entwirft, eine ähnliche Inventur in seinem Kopf machen, und natürlich ist dieser Kopf überall. Denn wie die erstarrte Sprache, sollten wir auch unseren erstarrten Körper zur fließenden Bewegung erlösen.
Mein Mythos? Lassen Sie mich überlegen. . .Gott ist eine Person. Gott ist keine Person. Wir suchen ihn im Makrokosmos. Wir finden ihn im Mikrokosmos. Beide sind eins. Der Urknall der Schöpfung findet jetzt statt, in jedem Moment. Es gibt keine Vergangenheit, und es gibt keine Zukunft. Die Gegenwart ist keine Welt. Die Gegenwart ist eine unendliche Vielzahl von Welten, eine unendliche Vielzahl von Zuständen unseres Bewußtseins. Dieses Bewußtsein aber ist eines und einzig. Ich selbst gehöre zur Rasse des Odin, des Hermes, des Erzengels Michael. Ein Psychopompos, der die Seelen zwischen den Ufern hin und her fließen läßt. Ich bin lebendig, und ich bin tot. Wie alle. Aber ich weiß es!
Der Drache der Angst ist mein Feind. Doch muß ich ihn nicht besiegen. Seine vielen Köpfe nicht abschlagen. Sobald ich jeden seiner Köpfe geküßt habe, bin ich erlöst.
Wie kann ich die Pflanzen, die Tiere, die Dinge erlösen? Indem ich sie und mich als tote und lebendige Einheit begreife, und meinen Geist wachsen lasse, daß er die Stufe dieser Einheit erreicht. Wachsen nach welcher Richtung? Nach allen Richtungen, denn die Erkenntnis kennt kein Oben und Unten, kein Links und kein Rechts. Das sind Symbole. Man braucht sie, hat man sie einmal verstanden, nicht mehr.

Wachsen also wohin? Vielleicht nirgendwohin. Wachstum kann auch die Erfahrung sein, daß es kein Wachstum gibt. Daß alles immer schon war, wie es ist und sein wird. Eine Landschaft der Zeit, durch die unser Geist wandert.
Und der Tod? Er befreit uns, wie der Humor, von uns selbst. Tod und Humor sind eins! Öffner der Grenzen. . . Und mein Tod, das weiß ich genau, kommt mit Geschenken. Den Feen, dem Kobold. Oder vielmehr, er küßt meine Augen für ihre Gegenwart wach.

Mein Mythos? Ein Mythos ohne Geschichte. Aber gibt es im Angesicht der Gegenwart noch Geschichte?
Und vielleicht sollte Mythos nichts anderes als das Angesicht der Gegenwart sein.

William BLAKE

„Und jeder Raum, der kleiner ist als ein Tropfen des menschlichen Blutes, öffnet sich zur Ewigkeit hin, deren Schatten die grüne Erde ist."

Pico della MIRANDOLA

„Weder haben wir dir einen festen Aufenthalt zugewiesen noch eine äußere Form gegeben, die du allein für dich beanspruchen kannst, noch hast du eine besondere Lebensaufgabe erhalten. Also sollst du entsprechend deinen Wünschen und deinem Urteilsvermögen eben jenen Aufenthaltsort, eben jene Körpergestalt und jene Lebensaufgabe erhalten, die du für angemessen hältst...
Wir haben dich weder aus Himmel noch Erde geschaffen, du bist weder sterblich noch unsterblich, so daß du frei und ungehindert als eigener Schöpfer dich so formen kannst, wie es dir vorschwebt...
Möge ein heiliger Ehrgeiz unsere Seelen durchdringen, so daß wir, unzufrieden mit dem Durchschnittlichen, nach den höchsten Gütern streben und — sofern wir dürfen, wenn wir wollen — uns nach Kräften bemühen, dieses Ziel zu erreichen. Wir wollen die irdischen wie die himmlischen Dinge verschmähen, und indem wir eben das geringschätzen, was weltlicher Natur ist, wollen wir verstärkt das anstreben, was jenseits dieser Welt liegt und dem Göttlichen am nächsten kommt."

(REDE ÜBER DIE WÜRDE DES MENSCHEN, zitiert aus Theodor ROSZAK, DAS UNVOLLENDETE TIER, Hamburg, Rowohlt, 1985.)

Arnold KEYSERLING

„In Beziehung zur Außenwelt haben wir den Mythos verlassen und der wissenschaftlichen Methode vertraut mit ihren drei Kriterien von Mathematik, Logik und wiederholbarem Experiment. Die gleiche Methode müssen wir jetzt auf das Verständnis der Stellung des Menschen im Kosmos anwenden.
Der Ursprung der materiellen Welt ist das Wirkungsquant, die kleinste Einheit oder die Zahl 1 des Universums, aus welcher Masse und Energie ent-

stehen. Quanten sind Wirkeinheiten. Die Wirkwesen in der Welt sind die Monaden: Atome, Zellen, Pflanzen, Tiere und Menschen. Das Quant hat die Potenz aller Wirkwesen: es ist als Zahl der potentielle Aspekt des Göttlichen, der sich aktualisiert und damit tatsächlich alle Wesen erschafft und ernährt.

Diesem gnostischen Verständnis steht nicht nur die übliche objektive Welterklärung im Wege, daß die Welt und das Leben aus dem Urknall durch Zufall entstanden sei und kein Entwicklungsziel habe, sondern darüber hinaus, daß Traum und Schlaf, die Motive und der Zugang zum Jenseits, der zweiten Entwicklungsstufe des Menschen verschlossen sind und es eines Aktes des Mutes bedarf, um sie zu integrieren. Der göttliche Ursprung ist tatsächlich Schöpfer. Er hat beide Aspekte der Ureinheit in sich, die aus dem Nichts entspringen: das Quant von Mikrokosmos, Makrokosmos und Kosmos."

(Aus WEISHEIT DES RADES, Wien, Palme, 1985.)

METAPHYSIK VON RAUM UND ZEIT

Konkret sind darin Geographie, Geschichte und Physik enthalten, aber auch die Systemwissenschaften, die Mikro- und Astrophysik, die Kosmologien, Philosophien und die Raum und Zeit transzendierende Mystik.

Geographie als Prozeß im Raum, Geschichte als Prozeß in der Zeit — aber läßt beides sich trennen? Der Berg ist ein raumzeitlicher Prozeß, und das Römische Reich auch. Eigentlich alles, einschließlich des Menschen.

Ist Zeit die Verwandlung des Raums, ist sie sein Rhythmus, sein Atem? Und der Raum selbst, ist er Gott? Trotz Kant, trotz Newton, trotz Einstein: wir wissen es nicht. Obwohl wir den Schülerinnen und Schülern natürlich mit Vergnügen erzählen werden, was Einstein, Newton und Kant vom Raum hielten, und von der Zeit. Aber es ist uns doch klar, das sind Mythen! Ich persönlich ziehe die Mythen Albert Einsteins vor, und natürlich auch die von der ganzen Poesie des Paradoxons erfüllten von Lewis Carroll. ‚Alice im Wunderland' und ‚Alice hinter den Spiegeln' muß in den Schulen gelesen werden, das ist mindestens so wichtig wie ‚Faust'!

Das Bemerkenswerteste über Raum und Zeit allerdings hat ein kleines Mädchen namens Anna mit fünf Jahren zu ihrer Mutter gesagt: ‚Gelt, Raum und Zeit gibt es nicht wirklich?' Dieses kleine Mädchen war die Urenkelin Gustav Mahlers, die Enkelin des Verlegers Paul Zsolnay, und ihre Mutter ist meine Freundin Alma. Also eine wahre Geschichte, sofern Geschichten überhaupt wahr sein können. Ist es nicht merkwürdig, daß man sich die Wahrheit immer statisch vorstellt? Als vertrügen Wahrheiten keine Bewegung und somit keine Zeit.

Aber ehe wir zur Weisheit der fünfjährigen Anna erwa-

chen, wollen wir mit Raum und Zeit spielen, und zwar in der Schule. Daß Raum und Zeit zum Spielen da sind, hat man vielleicht noch in keiner Schule gelernt? Dann soll die Schmetterlingsschule endlich den Anfang machen! Wir wollen nicht den Ernst, sondern den Spaß des Lebens lehren. Und auch, daß beide — Spaß und Ernst — dasselbe sind, durch zwei Temperamente betrachtet.
Und beide Temperamente sind in uns selbst, nicht nur eins. Also jeder von uns kann die Welt auf zweierlei Weise betrachten, und den Raum, und die Zeit, und sich selbst. . .
Der heute so heiß befehdete Dualismus! Auch ich habe mich ein Vierteljahrhundert lang mit seiner Überwindung geplagt. Aber er ist längst überwunden! Im Zentrum unserer selbst, und dort hat er nie existiert. Nur auf den Spielwiesen dieser Welt sollten wir ihn fröhlich und dankbar bewahren. Denn wie bunt macht er sie! Und wie bunt macht er uns.
Genießen wir sie, die theatralische Erfahrung der Gegensätze. Aber nehmen wir sie nicht zu ernst! Auch nicht die Gegensätze von Raum und Zeit. Wir tun so, als hätte die Zeit Anfang und Ende, als wäre der Raum endlich oder unendlich, voll oder leer. Das stimmt alles, und es stimmt nicht.

Ist die Zeit linear, zyklisch, Rhythmus? Nun, wir können sie rhythmisch erfahren, als Gerade oder als Kreis. Wir selber entscheiden. . .
Nehmen wir an, die Zeit wäre das Meer des Bewußtseins. Das Ich ist der Schwimmer in diesem Meer. Der Schwimmer kann geradeaus schwimmen oder im Kreis, auch in Dreiecken, wenn er mag. Er kann unendliche Schleifen ziehen, er kann tauchen, sogar untergehen, oder sich regungslos treiben lassen. Und so fort. Jeder dieser Möglichkeiten entspricht irgendwann ein physikalisches Gesetz. Es stimmt, und es stimmt nicht.
Kann der Schwimmer, das Ich, sich ausdehnen, bis er

das ganze Meer erfüllt? Und nennt er, wenn er es kann, diese Erfahrung Ewigkeit? Ja, das vermute ich.
Ist diese Zeit der Raum?
Und ist das Ich der Wanderer durch diesen Raum der Zeit?
Durchwandert es die Ereignisse wie Landschaften? Felsen, Berge, Bäume. Schon möglich!
Oder ist die Zeit strahlenförmig? Mit dem Ich als Mittelpunkt, von dem die Zeitstrahlen nach allen Richtungen gehen — lauter Zukünfte!
Auch Vergangenheiten. Haben wir viele? Das fände ich nicht erstaunlich.
In welcher Beziehung zueinander stehen Zeit und Erinnerung, Erinnerung und Raum?
Ist auch der Raum strahlenförmig, ein sich nach allen Seiten ausbreitendes Licht, in dem, was wir die Dinge nennen, oder die Welt, erscheint? Und anders in jedem Strahl?

Ein normaler Physiker würde mich jetzt von meiner Schreibmaschine verjagen. Aber die normalen Physiker trugen wenig zu unserer Erkenntnis der Welt bei.
Der Raum ist die Zeit, die Zeit ist der Raum, und es gibt beide nicht. So, und das sollen wir die Schüler lehren? Vielleicht doch nur die Begabtesten. Und erst, wenn sie verstanden haben, daß etwas stimmen und zugleich nicht stimmen, sein und zugleich nicht sein kann.
Haben wir solche Schüler? Aber eines Tages werden wir sie vielleicht haben. . .

Rupert RIEDL

„Zeit erwarten wir als eindimensionales Phänomen. Das Organ der Wahrnehmung sind unsere physiologischen Prozesse der Bewegung, der Ermüdung, des Stoff- und Energiewechsels. In ihnen deutet sich eine weitere Dimension der Zeit nicht an.
Den Raum dagegen verbinden wir mit einer dreidimensionalen Struktur. Auch diese Erwartung ist mit der Struktur des einschlägigen Sensoriums identisch."

(Aus EVOLUTION UND ERKENNTNIS, München, Piper, 1982.)

Marie-Louise von FRANZ

„Zeit ist eine der grundlegenden archetypischen Erfahrungen der Menschheit. Ursprünglich wurde sie als Gottheit oder Manifestation der höchsten Gottheit erlebt, als ein Lebensstrom, der entquillt. Erst heute ist sie in der Physik ein mathematischer Vektor geworden, den wir zur Beschreibung physikalischer Tatbestände verwenden. Der ursprüngliche Mensch unterschied kaum zwischen äußeren oder inneren, materiellen oder psychischen Geschehnissen, er lebte in einem Ereignisstrom, der jeden Augenblick Gruppen von Ereignisse mit sich brachte und sich dauernd quantitativ und qualitativ veränderte.
. . . Es hat sich gezeigt, daß das Bild und der Begriff der Zeit immer mehrere Gegensatzpaare oder sogar Triaden enthalten: In China haben wir eine zeitlose Weltordnung, eine zyklische Zeitordnung und eine lineare historische Zeitidee. In Indien ist Brahma die Zeit und die Nicht-Zeit. Die Maya bezeichnen kin, die Zeit, durch ein Bild mit dem statischen Element einer Blüte und einem fließenden Element, den ‚Sonnenpfeilen'. Die Azteken kennen eine zyklische Zeit und die lineare historische Zeit der ‚Sonnen'. Das System Platos enthält die zeitlose Welt der Ideen, eine zyklische Äonenzeit und die Zeitlinie der vergänglichen sublunaren Welt. Die alten Perser besaßen zwei Zurvan-Götter, die ‚Unendliche Zeit' und die ‚Zeit von langer Dauer' (äonische Zeit). . . Die östlichen Weisheitslehrer haben sich besonders bemüht, die Zeit zu überwinden, z.B. in vielen Formen des Yoga. Der Yogin tut dies allerdings nicht in einem einzigen Sprung. Durch Atemübungen versucht er, zuerst die gewöhnliche Zeit zu überwinden und alle kosmischen Verkettungen aufzulösen. Dann atmet er in Einklang mit dem Rhythmus der großen kosmischen Zeit. Sein Einatmen entspricht der

Sonnenbahn, sein Ausatmen der des Mondes. ‚So lebt der Yogin in der kosmischen Zeit, fährt aber trotzdem fort, auch in der (gewöhnlichen) Zeit weiterzuleben'. Dann erst versucht er, diese zwei Rhythmen zu einem einzigen zu verschmelzen und dadurch den Kosmos und alle Gegensätze ganz aufzuheben. Wie aus einer Eierschale bricht er aus dem Mikrokosmos aus und übersteigt die Welt des Zufälligen und der Zeit. Die Wirklichkeit, in die hinein er durchbricht, ist beides: Zeit und Nicht-Zeit. Was er dabei überwinden muß, ist die falsche Vorstellung, daß außerhalb der gewöhnlichen Zeit nichts Weiteres mehr existiere.

... Seng Shao (aus der Zeit vor der Tang-Periode): ‚Leute, die vergeblich vergangene Ereignisse in den gegenwärtigen Zeiten suchen, meinen zu wissen, daß die Dinge nicht dauern... Ich, der ich vergeblich gegenwärtige Ereignisse in den alten Zeiten suche, weiß, daß die Dinge dauern... Buddha ist darum wie die Leere, er erscheint weder, noch vergeht er. Er taucht im richtigen Moment auf, besitzt aber keinen festen Ort (inmitten der Dinge).'

Vom zeitlosen Gott aber strömt der ‚Strom der Gnade' der dieses allgegenwärtige Jetzt erzeugt. So ist Gott für Meister Eckhart zugleich eine ewige Stille und ein ewiges Strömen."

(Aus ZEIT, Frankfurt am Main, Insel, 1981.)

William BLAKE

„Die Visionen der Ewigkeit sind durch die verengte Fähigkeit der Wahrnehmung zu schwachen Visionen von Zeit und Raum geworden, zu Furchen des Todes."

Douglas R. HOFSTADTER

„Außerdem — und das ist vielleicht noch wichtiger — erforschen die Physiker nicht einfach den dreidimensionalen Raum, in dem wir leben. Es gibt ganze Familien von ‚abstrakten Räumen', in denen physikalische Berechnungen stattfinden, Räume, die ganz andere geometrische Eigenschaften besitzen als der physikalische Raum, in dem wir leben. Wer kann also sagen, daß die ‚wahre Geometrie' durch den Raum definiert wird, in dem Uranus und Neptun die Sonne umkreisen? Da gibt es den ‚Hilbert-Raum', wo die quantenmechanischen Wellenfunktionen wogen; da gibt es den ‚Impuls-Raum', wo Fourier-Komponenten hausen; da gibt es den ‚reziproken Raum', wo die Wellen-rektoren sich tummeln; da gibt es den ‚Phasen-Raum', in dem Konfigurationen von vielen Teilchen herumsausen usw. Es liegt überhaupt kein Grund vor, warum die Geometrie aller dieser Räume dieselbe sein sollte, ja, sie könnte es unmöglich sein."

(Aus GÖDEL, ESCHER, BACH, Stuttgart, Klett-Cotta, 1985.)

Mikhail NAIMY

„Ein Baum kann sich nicht weiter ausdehnen als seine Wurzeln. Der Mensch aber kann sich bis in die Unendlichkeit ausdehnen, weil er in der Ewigkeit verwurzelt ist. Setzt euch selbst keine Grenzen. Dehnt euch so weit aus, bis es keine Bereiche mehr gibt, wo ihr nicht seid. Dehnt euch so weit aus, bis die ganze Welt dort ist, wo immer ihr auch gerade seid. Dehnt euch so weit aus, bis ihr Gott begegnet, wo immer ihr euch selbst begegnet. Dehnt euch aus. Dehnt euch aus!"

(Aus DAS BUCH VON MIRADAD, Wehrheim, Irisiana, 1977.)

Itzhak BENTOV

„Nun, es scheint, als bestünde die wahre Realität – die Mikrorealität, die hinter unserer guten, alten, soliden Alltagsrealität steckt – aus unermeßlichem, leerem Raum, angefüllt mit oszillierenden Feldern! Es sind viele verschiedene Arten von Feldern, die alle miteinander in Beziehung stehen. Schon die kleinste Veränderung in einem dieser Felder überträgt sich auf die anderen. Es ist ein verflochtenes Gewebe aus Feldern, die alle, obwohl sie in ihrem eigenen Rhythmus pulsieren, mit den anderen in Harmonie sind, und alle Schwingungen breiten sich weiter und weiter in den Kosmos hin aus.

... Eine ‚greifbare Realität' existiert für uns nur so lange es Bewegung gibt. Hört die Bewegung auf, dann werden Materie und feste Realität unscharf

und verschwinden. Doch wohin geht die Materie, wenn sie periodisch verschwindet? Und was passiert mit uns, während wir ‚an- und ausgehen‘?
. . . Bewegt sich etwas so schnell, daß es so gut wie gar keine Zeit für seine Bewegung braucht, dann erreicht es eine beinah unbegrenzte Geschwindigkeit, und das bedeutet, daß es überall gleichzeitig gegenwärtig ist! Wir Sterblichen haben einen passenden Namen für dieses Phänomen: Allgegenwart. Diese schnelle Fortbewegung ist tatsächlich das gleiche wie ein Ruhezustand, nur überall gleichzeitig! Das Erreichen unbegrenzter Geschwindigkeit würde zugleich das Erreichen eines anderen, höheren Ruhezustands oder Seinszustands mit sich bringen. Ausdehnung des Bewußtseins führt zu Ausdehnung in den Raum. Und das kann bei Geschwindigkeiten über wie unter der des Lichts geschehen. Wenn (der Beobachter) die Grenze der Lichtgeschwindigkeit überschreitet, findet er sich in einem ‚raumartigen‘ Universum. Es ist ein fremdes, neues Universum, in dem es keine Schranken der Geschwindigkeit gibt, in dem Zeit zu Raum geworden ist.

. . . Unsere Körper sind Oszillatoren, und ebenso die Atome, die sie bilden. Daher weiten wir uns in jeder Sekunde sehr oft und schnell in eine raumartige Dimension aus, um genauso schnell wieder zurückzukehren. Das geschieht möglicherweise mit der Geschwindigkeit der atomaren Schwingungen. In einem veränderten Bewußtseinszustand können wir jedoch unsere subjektive Zeit erheblich ausdehnen. Das macht es möglich, die Aktivitäten anderer ‚Psychen‘ dort ‚draußen‘ in Ruhe zu beobachten, und nützliche Informationen mit zurückzubringen. Dazu wird nur wenig objektive Zeit benötigt. Unsere Realität besteht also aus einem beständigen, schnellen Vor- und Zurückpendeln zwischen unserer materiellen Realität und den ‚außen‘ liegenden Realitäten, die wir mit jedermann teilen. Ein erweiterter oder höherer Bewußtseinszustand bedeutet eine Ausweitung unserer ‚Psyche‘ in den Raum.“

(Aus TÖNE-WELLEN-VIBRATIONEN, München, Dianus-Trikont, 1984.)

Holger KALWEIT

„Die ‚perverse‘, auf den Kopf gestellte Physik des schamanischen Universums — in der die Zeit dehnbar, der Raum plastisch, die Materie durchlässig ist und die bekannten Energiemanifestationen von weiteren unsichtbaren, feinstofflichen Kräften überboten werden – fällt durch die Maschen unseres Erkenntnissystems hindurch. Mit diesem Universum in Einklang leben jedoch alle Stammesgesellschaften, und auch unsere Vorfahren sowie alle Kulturen der alten und neuen Welt huldigten einst einem solchen Universum. Nur unsere moderne abendländische Kultur bildet eine Ausnahme."

(Aus TRAUMZEIT UND INNERER RAUM, Bern, Scherz, 1984.)

Larry DOSSEY

„Aufgrund der Relativitätstheorie wissen wir, daß die Vergangenheit eines Menschen die Gegenwart eines anderen und die Zukunft eines dritten ist.
... Unser hartnäckiges Festhalten an einer Art zeitlich dauerhafter Individualität läßt sich immer schwerer rechtfertigen. Selbst unsere Gene bleiben bei ihrem schwindelerregenden Austausch mit der Außenwelt nicht sehr lange an einem Platz. Auch wenn unser individuelles genetisches Muster für die Dauer unseres Lebens dasselbe bleiben mag, werden alle unsere Versuche, an einem unveränderlichen, physischen ‚Ich' festzuhalten, welches für eben diese Zeit unverändert fortbesteht, doch vollständig zunichte gemacht.
Dies ist eine grausige Eigenschaft des menschlichen Lebens: Im Verlauf der unaufhaltsamen Auflösung unseres genetischen ‚Selbst' bewahren wir uns das Gefühl eines unwandelbaren physischen Ich. Unsere Auflösung vollzieht sich als heimliche Erosion außerhalb unserer Bewußtheit. Biotanz – der niemals endende Austausch von Elementen lebender ‚Dinge' mit der Erde selbst – vollzieht sich in aller Stille und gibt uns nicht den kleinsten Hinweis darauf, daß er tatsächlich geschieht. Ein Körper mit absoluten Grenzen ist eine Fiktion. Es gibt ihn nicht. Die Vorstellung eines physischen Ich, welches im Raum festgelegt ist und in der Zeit fortdauert, steht zu unserer Erkenntnis in Widerspruch, nach der lebende Strukturen mit ihrer Umwelt in mannigfaltiger Weise interagieren. Wir haben tiefe Wurzeln und sind – nicht nur im Sinne eines poetischen Bildes – Kinder der Sterne.
Obwohl die individuellen Körper fraglos am Leben sind, macht die Wechselbeziehung eines Körpers mit allen anderen Körpern und mit dem Universum insgesamt das Leben zu einem universalen und nicht zu einem individuellen Prozeß."

(Aus DIE MEDIZIN VON RAUM UND ZEIT, Basel, Sphinx, 1984.)

Stanislav GROF

„Ein wesentliches Merkmal psychedelischen Erlebens ist die Transzendierung von Raum und Zeit. Das lineare Kontinuum zwischen dem Mikro- und dem Makrokosmos, das für unser alltägliches Bewußtsein so absolut bestimmend zu sein scheint, existiert nicht mehr. Die wahrgenommenen Objekte können jede Größendimension haben, es können sowohl Atome, Moleküle und einzelne Zellen als auch astronomische Körper, Sonnen- und Milchstraßensysteme sein. — — — In ähnlicher Weise wird auch die Linearität zeitlich abfolgender Ereignisse transzendiert. Szenen aus verschiedenen lebensgeschichtlichen Zusammenhängen können gleichzeitig ablaufen und durch ihre Lebensmerkmale in einer sinnvollen Verbindung miteinander stehen. — — — Es gibt psychedelische Erfahrungen, in denen sich die Zeit enorm zu verlangsamen oder zu beschleunigen scheint, in denen sie rückwärts fließt oder gar zu existieren aufhört. Sie kann zirkulär oder zirkulär und linear gleichzeitig wirken, spiralenförmig voranschreiten oder bestimmte Abweichungs- und Verzerrungsmuster zeigen. Sehr häufig wird die Zeit als Dimension transzendiert und nimmt räumliche Merkmale an.“

(Aus GEBURT, TOD UND TRANSZENDENZ, München, Kösel, 1985.)

Tarthang TULKU

„Können wir sehen, ohne einengende Positionen einzunehmen, dann ist als innerstes Herz der Wirklichkeit eine wunderbare Vision verfügbar. Diese Vision kreist um RAUM, der ursprünglich friedvoll und offen ist. Diese Offenheit manifestiert sich als ein Zulassen vieler verschiedener Sichtweisen, die alle im RAUM hervorquellen, dahinfließen und einander begegnen. Obwohl in vollkommener Ruhe, ist RAUM doch von Erscheinungen angefüllt. Aus diesem Grunde ist RAUM nicht statisch, sondern eine friedvolle Explosion sich weiter und weiter entfaltender Kreativität, die alle Äonen von Vergangenheiten und Zukünften ausfüllt, ohne damit seine Offenheit zu erschöpfen oder seiner Befähigung Grenzen zu setzen, eine noch größere Fülle von Anwesenheiten zu offenbaren.
In seinem Hervortreten ist alles Teil eines Balletts, das vom RAUM getanzt wird. Der Tanz ist genzenlos, weitschwingend, ja unermeßlich. Jeder Tänzer springt auf, sondert sich ab und tritt wieder zurück, ohne jemals von der Offenheit des RAUMES getrennt zu sein.

Farben, Formen, alle Erfahrung – Kunst, Musik, Philosophie – sind Ausdrucksweisen des RAUMES. Auch wenn sie in ihrem Tanz ineinander verwoben sind und sich gegenseitig vollkommen durchdringen, bleiben sie doch eine freifließende Anwesenheit durchscheinender Konturen und Oberflächen."

(Aus RAUM, ZEIT UND ERKENNTNIS, Bern, Scherz, 1983.)

LIEBE

Sie ist das wichtigste, was der Schüler erlernen muß. Und das einzige, was wir nicht lehren können.
Liebe als Zwischenraum zwischen Menschen und Menschen, Menschen und Tieren, Menschen und Pflanzen. Auch Menschen und Dingen. Nur liebend wird der Schüler sich als lebendigen Teil eines lebendigen und bewußten Universums begreifen, als Person in der Person. Wer nicht liebt — und Liebe ist der Akt der Erkenntnis schlechthin — hat überhaupt nichts gelernt, und alles Wissen, das er sammelt, ist tot.
Sexualität? Das Wunder der Liebe spiegelt sich in ihr wider wie der Mond im Teich. Ob wir Mädchen und Knaben das lehren können? Daß die Lust ihrer Vereinigung eine Seligkeit jenseits ihres Geschlechts widerspiegelt, und daß sie Himmel und Erde berühren, wenn sie einander berühren: Tränen, Sterne und Gras.
Liebe ist weniger ein Gefühl als eine Bewußtheit, und diese Bewußtheit respektiert alle Grenzen und transzendiert sie zugleich. Es ist eine mystische, eine kosmische Bewußtheit. Die Gewißheit, eins mit allem zu sein.
Oder auch die totale Offenheit jedes Systems, ohne Angriff und ohne Verteidigung. Jegliches Sein frei fließen zu lassen, das ist Liebe — und wie weit sind wir noch von ihr entfernt! Getrennt durch Positionen des Egoismus und der Moral, die wir einnehmen und aus denen wir uneinnehmbare Festungen machen. Der Verzicht auf Besserwissen ist Liebe, der Verzicht auf Bessersein und der Verzicht, die eigene Person als Waffe zu führen.

Liebe ist unpersönlich, amoralisch, das Nichts im Sein. Aber unser ganzes Sein wird durch dieses Nichts bestimmt, unsere Moral durch seine Amoral, unsere Person durch die Unpersönlichkeit der Liebe.
Wir können sie nur lehren, indem wir sie leben.

Mikhail NAIMY

„Liebe ist die einzige Befreiung von Bindung. Wenn ihr alles liebt, dann seid ihr an nichts gebunden.“

(Aus DAS BUCH VON MIRDAD, Wehrheim, Irisiana, 1977.)

Thaddeus GOLAS

„Wenn du dein Selbst liebst, dann dehnst du dich in Liebe wirklich in viele andere Wesen aus. Und je liebender du bist, desto liebender sind die Wesen in dir und um dich. Dich selbst lieben wird dein Ego auflösen.“

(Aus DER ERLEUCHTUNG IST ES EGAL, WIE DU SIE ERLANGST, Basel, Sphinx, 1981.)

Norman O. BROWN

„Lerne das Feuer lieben. Das alchemistische Feuer der Verwandlung. Der wahre Leib ist der verbrannte Leib, der geistige Leib. Die Einheit ist nicht organisch- natürliche Einheit, sondern die Einheit aus Feuer.“

(Aus LOVE'S BODY, München, Hanser, 1977.)

W. Brugh JOY

„Liebe, jene bedingungslose Strahlung, ist nicht emotional, nicht sexuell und nicht intellektuell. Sie ist die Kraft des unmittelbaren Verstehens. Wenn Sie bedingungslose Liebe zum Ausdruck bringen, fungieren Sie als Umwandlungsstation einer Energie, die nicht von dieser Welt ist.“

(Aus WEG DER ERFÜLLUNG, Interlaken, Ansata, 1985.)

Rupert RIEDL

„Daß wir die letzte Gewißheit dort verlangen, wo es keine Gewißheit geben kann, und daß wir Leib und Seele spalten, das ist das Dilemma des Menschen; daß mehrere Seelen unsere Brust beleben: die Seele des Säugetiers, des Raubaffen, des Frühmenschen, des Zivilisations- und Kulturmenschen und unsere Hoffnung auf die Seele der Engel. Zwischen ihnen allen sind wir selbst das gesuchte missing link.“

(Aus EVOLUTION UND ERKENNTNIS, München, Piper, 1982.)

Theodore ROSZAK

„Ein Aufstand der Gurus und Clowns für ihre fremde, schöne und transzendentale Gesundheit – das wäre die Revolution, die unsere Zeit heilen könnte.“

(Aus DAS UNVOLLENDETE TIER, Hamburg, Rowohlt, 1985.)

WIR WACHSEN VON FRAGE ZU FRAGE

Die Schule lehrt uns, zu antworten. Aber sie soll uns lieber lehren, zu fragen!

Antworten schließen unsere Augen, unsere Ohren, unsere Welt. Fragen öffnen sie. Jede Frage ist ein Anfang, jede Antwort ein Ende. In der Frage fließen, in der Antwort erstarren wir.

Die Frage ist wichtiger als die Antwort. Nicht, wer alte Antworten gibt, hat die Reifeprüfung bestanden. Die Reifeprüfung besteht, wer eine neue Frage stellt!

Denn nicht von Antwort zu Antwort wachsen wir, sondern von Frage zu Frage.

Aber bedingen sie einander nicht, Frage und Antwort? Gehören sie nicht zusammen wie die linke und rechte Hälfte unseres Leibes, und vielleicht auch unserer Seele? Sind sie nicht komplementär, eine Einheit?

Ja und nein. Und während ich dies niederschreibe, entdecke ich: Ich habe eine Frage gestellt, und ich habe eine Antwort gegeben. Meine Antwort war JA UND NEIN.

Es gibt also mehr als nur eine Antwort auf jede Frage? So ist es, und indem wir es erkennen, öffnet sich auch die Antwort wie eine Tür, wie unendlich viele Türen, deren keine die letzte ist. Wir wachsen von Frage zu Frage, gewiß. Aber auch von Antwort zu Antwort!

Fragen und Antworten sind also nicht statisch sondern Bewegung, Wachstum, ein einziger Prozeß. Wie groß bin ich? Eins vierundsechzig. Wie heiße ich? Lotte. Aber im nächsten Moment oder in tausend Jahren bin ich vielleicht so groß wie der Indische Ozean und heiße ganz anders. Und keine Antwort soll mich daran hindern!

Keine Antwort soll die Welt oder unsere Erfahrung der Welt daran hindern, sich zu verwandeln. Jede Antwort tötet die Frage. Aber wir müssen sie wieder auferstehen lassen und neu stellen! So stelle ich mir die Schule vor. . .
Schule als Metamorphose des Menschen.

SCHMETTERLINGSSCHULE

Da kommen lauter kleine Raupen in die Schule. Sie fressen sich durch alles Wissens- und Wundernswerte, das dort wächst. Dann verpuppen sie sich in den Klassenzimmern, und da müssen die Lehrer sehr behutsam mit ihnen umgehen. Denn sie verwandeln sich unter der Haut. Verwandlungen sind immer geheimnisvoll, und manchmal gefährlich.
Nach ein paar Jahren geht das Schultor auf, und lauter bunte Schmetterlinge fliegen ins Freie. Große und kleine, und sie leuchten in allen Farben. Sind die Zeichnungen auf ihren Flügeln nicht Botschaften an die Welt? Aber es ist nicht mehr dieselbe Larvenwelt, die sie als Kinder verließen. Denn auch die Welt hat sich mit ihnen ernährt und verpuppt, hat sich in ihren Köpfen verwandelt und ist mit ihnen geschlüpft. Vielleicht ist es nicht nur eine, vielleicht sind es viele Welten, mit denen sie sich nun tanzend vereinigen?

Das ist, ich weiß, eine Vision. Jede Vision ist der Anfang einer Wirklichkeit. Bilden wir uns nicht ein, daß wir in einer einzigen leben!
Wir leben in der Wirklichkeit der Autobahnen, der Bohrtürme und des Terrors. In der Wirklichkeit von Ausbeutung, Hochindustrie und Technokratie. Unsere Augen sind zubetoniert. Aber leben wir nicht auch in einer Wirklichkeit der Sanftmut, der Güte, des Lächelns?
Es gibt einen Wettlauf der Welten, und er beginnt in der Schule, in unserem Kopf. Welten sind Samen, und alle wollen die Erde befruchten, das blaue Ei.
Aber wir können NEIN sagen! Und JA. Denn durch die Befruchtung des blauen Ei's, auf dem wir leben, obwohl es zugleich auch in unserem Kopf ist, lassen wir nicht nur eine Welt zu, sondern Generationen von Welten.

Und so ist die Verantwortung jeder Stunde sehr groß. Wir wählen die Welt, wir wählen die Wirklichkeit, wir wählen die Zukunft.

Ich habe versucht, Ihnen andere Zukünfte, andere Wirklichkeiten, andere Welten zu zeigen. Bei weitem nicht alle. Aber vielleicht begeben Sie sich selbst auf Entdekkungsreisen? Ihr Kompaß sei die Phantasie, denn die Phantasie ist ein Wahrnehmungsorgan. Das am höchsten entwickelte. Und so werden erst die Grenzen Ihrer Phantasie die Grenzen Ihrer Wahrnehmung sein.

Machen wir die Schule, dies ist meine Bitte und Botschaft, zum morphogenetischen Feld der Liebe, der Freude, der Weisheit!

Wir danken den nachstehenden Verlagen für die Gewährung von Abdruckrechten aus den angeführten Werken:

ANSATA VERLAG, PAUL A. ZEMP, INTERLAKEN: Patricia Garfield, „Kreativ träumen“, 1980;

AKADEMISCHE DRUCK- UND VERLAGSANSTALT, GRAZ: Hugo Ingrisch, „Philosophie der Vollkommenheit“, 1983;

AURUM VERLAG, FREIBURG/BREISGAU: William Irwin Thompson, „Am Tor der Zukunft“, 1975;

Richard Maurice Bucke, „Die Erfahrung des kosmischen Bewußtseins“, 1975;

Herbert Kessler, „Das offenbare Geheimnis“, 1977;

DIANUS TRIKONT BUCHVERLAG, MÜNCHEN: Vinoba Bhave, „Erziehung ohne Manipulation“, in: „Viele Wege“, 1985;

Stephan Walter, „War aber Julius ein ehrenwerter Mann?“, in: „Keltisches Bewußtsein“, 1985;

Hazel Henderson, „Das kommende Solarzeitalter“, in: „Viele Wege“, 1985;

Fridtjof Capra, „Das Gleichgewicht zwischen Yin und Yang“, in: „Viele Wege“, 1985;

Sathish Kumar, „Frieden beginnt mit positivem Denken“, in: „Viele Wege“, 1985;

Helen Caldicott, „Es geht ums Überleben“, in: „Viele Wege“, 1985;

Stephen Skinner, „Chinesische Geomantie“, 1983;

David Bohm, „Die implizite Ordnung“, 1985;

INSEL VERLAG, FRANKFURT: Marie-Louise von Franz, „Zeit“, 1981;

KLETT—COTTA VERLAG, STUTTGART: Erwin Chargaff, „Unbegreifliches Geheimnis“, 1981;

WOLFGANG NEUGEBAUER VERLAG, SALZBURG: Hugo Ingrisch, „Philosophie der Vollkommenheit“ (Band 2), 1983;

SPHINX VERLAG, BASEL: Jean Houston, „Der mögliche Mensch“, 1984;

SUHRKAMP VERLAG, FRANKFURT: Gregory Bateson, „Geist und Natur“, 1982;

SCHERZ VERLAG, BERN: George Leonard, „Der Rhythmus des Kosmos“, 1983;

Holger Kalweit, „Traumzeit und innerer Raum“, 1984;

Bob Simples, „Holonomisches Erkennen“, in: „Das holographische Weltbild“, 1986;

Karl Pribram, „Worum geht es beim holographischen Paradigma?“, in: „Das holographische Weltbild“, 1986;

Tarthang Tulku, „Raum, Zeit und Erkenntnis“, 1983;

WIENER JOURNAL, WIEN: Jörg Mauthe/Günther Nenning, „Schönheitsmanifest“, 1984.